Theologische Briefe an einen Freund

Romano Guardini
Werke

Herausgegeben
von
Achim Budde

im Auftrag
des Sachverständigengremiums für
den literarischen Nachlaß Romano Guardinis
bei der Katholischen Akademie in Bayern

Romano Guardini

Theologische Briefe an einen Freund

Einsichten an der Grenze des Lebens

Herausgegeben aus dem Nachlaß

Matthias Grünewald Verlag · Ostfildern
Verlag Ferdinand Schöningh · Paderborn

Alle Autorenrechte liegen bei der
Katholischen Akademie in Bayern

»Theologische Briefe an einen Freund«:
3. Auflage 2019, unveränderter Nachdruck der 1. Auflage,
Paderborn: Verlag Ferdinand Schöningh, 1976

Für die Verlagsgruppe Patmos ist Nachhaltigkeit ein wichtiger
Maßstab ihres Handelns. Wir achten daher auf den Einsatz
umweltschonender Ressourcen und Materialien.

Bibliografische Information der Deutschen Nationalbibliothek
Die Deutsche Nationalbibliothek verzeichnet diese Publikation in
der Deutschen Nationalbibliografie; detaillierte bibliografische
Daten sind im Internet über http://dnb.d-nb.de abrufbar.

Alle Rechte vorbehalten
© 2017 Matthias Grünewald Verlag
Verlagsgruppe Patmos in der Schwabenverlag AG, Ostfildern
www.gruenewaldverlag.de

© 2017 Verlag Ferdinand Schöningh, ein Imprint der Brill-Gruppe
(Koninklijke Brill NV, Leiden, Nederlande; Brill USA Inc.,
Boston MA, USA; Brill Asia Pte Ltd, Singapore;
Brill Deutschland GmbH, Paderborn, Deutschland)
www.schoeningh.de

Umschlaggestaltung: Finken & Bumiller, Stuttgart
Druck: CPI – buchbücher.de, Birkach
Hergestellt in Deutschland
ISBN 978-3-7867-4024-7 (Matthias Grünewald)
ISBN 978-3-506-78766-8 (Schöningh)

Den an Josef Weiger gerichteten theologischen Briefen hat Romano Guardini »für den Todesfall« folgende Bemerkung beigelegt:
Die Mappe, die den Titel »Inbegriff der Offenbarung« trägt, enthält Entwürfe aus den Jahren 1963–1966, die sich auf Ideen beziehen, welche mir für die fernere theologische Arbeit wichtig sind.
In ihrer gegenwärtigen Form sind sie durchaus unfertig. Sollte die Frage auftauchen, ob sie – posthum – veröffentlicht werden sollen, dann kann das nur nach sorgfältiger Prüfung und so geschehen, daß ihre Vorläufigkeit hervorgehoben wird.

BEMERKUNG ÜBER DIE BRIEFE
(20. 6. 1964)

Ich habe eine lange Zeit der Krankheit hinter mir. Die Trigeminusneuralgie hat ungefähr vor neun Jahren eingesetzt – damals in Neggio, nachdem ich gerade hingekommen war, auf der Straße, wie der Einschlag eines Blitzes. Mehr oder weniger stark dauert sie immer noch fort und macht jeden Witterungsumschlag für mich kritisch. Dann, Anfang April, kam die Gallenkolik, die mich vier Wochen lang ins Krankenhaus brachte und die jetzt, wie ich hoffen will, in ihren Konsequenzen ausheilt, aber sehr langsam.
Seit einiger Zeit erwacht das geistige Interesse wieder und stellen sich, was bei mir immer so sehr wichtig war, lebhafte Einsichten in weite Zusammenhänge ein. Bedeutet der augenblickliche Zustand nun doch das Ende produktiver Arbeit mit der Aufforderung, sich innerlich auf das Andere vorzubereiten, das sich mir stärker als je früher innerlich aufdrängt – oder stehe ich vor dem Beginn eines neuen Schaffens? Ich weiß es nicht. Es wird sich zeigen.
In diesen Briefen habe ich, von solchen plötzlichen Einsichten ausgehend, Gedanken festgehalten, die mir theologisch wichtig erscheinen, aber noch nicht zur Veröffentlichung taugen. Vielleicht liegen in ihnen Ansätze zu neuen theologischen Problemen bzw. einer neuen Art, sie anzufassen.

Erster Brief

WIE KANN NEBEN GOTT ENDLICHES SEIN?
(4.8.1963)

Mein lieber Freund! Was ich Dir schreiben will, empfinde ich als einen inneren Abschluß meiner theologischen Denkarbeit – mag auch so manches vielleicht, wenn es gewährt wird, noch an Arbeiten zustandekommen. Lange empfundene Fragen finden hier für mich eine Antwort, wenn diese Antwort auch selbst im Geheimnis liegt. Aber jede theologische Aussage ist ja ein Hindeuten auf eine Stelle im Geheimnis des göttlichen Daseins.
Freilich dringt, was ich nun sagen möchte, so nah an Gottes Innerlichkeit hin, daß ich Besorgnis empfinde, gegen die Ehrfurcht zu verstoßen. Meine Absicht geht aber auf das gerade Gegenteil: ich möchte etwas von Gottes Loyalität deutlich machen, die ebenso über alles Begreifen geht wie seine Großmut. Und auch etwas von jenem Geheimnis, das den so vielzerstörten Namen der Liebe trägt.
Ist das Folgende richtig und wird es mit Geist und Herzen bedacht, dann müßte daraus, scheint mir, ganz von selbst die Anbetung hervorgehen. Denn nicht die Macht, sondern die Gesinnung Gottes ist es, was den Menschen in liebender Verehrung zur Erde beugt

Eine für das theologische Denken nicht nur wichtige, sondern entscheidende Frage lautet: Von welchem »Interesse« wird es bestimmt?
In der Regel scheint es die Sorge um das Heil des Menschen zu sein. Ich brauche wohl nicht zu betonen, daß dieses Moment sein volles Recht hat. Ist es aber das im Letzten Entscheidende? Müßte der Theologe nicht vor allem um Gott Sorge tragen? Sich dafür verantwortlich fühlen, daß Er mit der ganzen Majestät seines Herren-

tums im gläubigen Bewußtsein steht? Und wäre damit das Anliegen des Menschen nicht schon ganz von selbst gewahrt?
So hat mich immer ein unklar geahnter Gedankenzusammenhang beunruhigt, der mir in diesen Tagen plötzlich klar ins Bewußtsein getreten ist – merkwürdigerweise, während ich die Lebenserinnerungen des großen und so viel Verwirrung stiftenden C. G. Jung las.
Im religiösen Fragen taucht das Wort »Problem« meistens mit Bezug auf Gott auf: Ob Er sei, wie Er erkannt werde, wie Er gedacht werden müsse; ob das Leben nicht auch und besser ohne Ihn gelebt werden könne – und so fort, bis zu all dem politischen Mißbrauch, der allein schon dem Denkenden darüber die Augen öffnen müßte, daß hier eine Ordnung gestört ist. In Wahrheit liegt, so scheint mir, die Problematik beim Menschen, beim Endlichen: Ist es nicht »genug«, daß Gott ist? Kann »neben« Ihm noch Endliches sein – wenn Er doch »Gott« und es allein ist? Die Selbstsucht des Menschen glaubt schon alle erforderlichen Zugeständnisse gemacht zu haben, wenn sie anerkannt hat, daß Er ist. Welche Unverständlichkeiten, ja »Unziemlichkeiten« sich aber für die streng gedachte Wahrheit Gottes, für Seine »Ehre« daraus ergeben, daß »außerdem« noch »etwas« sei – Du siehst, ich muß immer wieder Worte in Anführung setzen – das wird nicht bedacht. Gerade das aber hat mir keine Ruhe gelassen.

Gott ist einfachhin. Die Stelle im Buche Exodus, von der alles Denken über Gott angehen und an der es sich immer wieder klären muß, lautet: »›Ich bin, der Ich bin‹. Er setzte dann fort: ›So sollst du zu den Israeliten sprechen: Der ›Ich bin‹ hat mich zu euch gesandt‹« (3, 14).
Er ist das Wesen, die Macht, der Wert und Sinn einfachhin. Er ist das Sein, das von Ihm rein erlebte, selige Sein. Er genügt sich selbst restlos und vollkommen. Was kann es da für Ihn bedeuten, Endliches zu schaffen, welches Endliche – so weit es uns unmittelbar angeht – im Menschen gipfelt?
Angesichts dieser Frage denkt man sofort an das »Interesse« des Endlichen, unseres, und sagt: Gottes Güte »hat« – die durch das Wort ausgedrückte Vergangenheit gilt natürlich nur für unser Den-

ken, das ein aus der Ewigkeit hervorgehendes Schaffen des Endlich-Zeithaften nicht zu fassen vermag – Gottes Güte hat Ihn veranlaßt, die Welt zu schaffen, die Menschen ins Sein zu rufen. Sie sollten das Glück des Daseins und die Möglichkeit ewigen Heils haben. Entsteht aber daraus für Gott nicht eine »unmögliche Situation«? Und könnte es nicht sein, daß der Zweifel an Gott – zumal in seiner heutigen epidemischen Form – eine Folge davon bildet, daß diese Frage im allgemeinen Bewußtsein keine richtige Antwort bekommt?

Erträgt es der in wirklichem Ernst, ja – kierkegaardisch gesprochen – »in Leidenschaft« gedachte Gottesgedanke, daß »neben« Ihm noch etwas sei? Gewiß, dieses Etwas ist groß; ungeheuer in jedem Betracht, es ist »die Welt«. Und es enthält uns selbst – jeder spricht hier: mich. So ist seine Wirklichkeit die Antwort auf mein Verlangen zu sein, zu leben, zu schaffen, Heil zu finden. Auch muß dabei und aufs strengste bedacht werden, daß alles Endliche »vor« Gott, »durch« Ihn, von Ihm her und auf Ihn hin besteht, daß also der Primat des göttlichen Seins in jeder Weise gewährleistet bleibt.

Dennoch: müßte auf die Frage, »was sei«, die Antwort, welche allein »würdig und recht« ist, nicht lauten: Er – und dann: nichts.., anbetendes Nichts?

Nun ist aber das Endliche; ich selbst bin: Was kann da zu Ihm weiterführen?

Mir scheint, die Antwort, die meistens gegeben wird, Seine Liebe wolle, daß »auch« wir seien und leben und Heil finden – wobei das Wort »Liebe« eine anthropozentrische Bedeutung hat – diese Antwort genüge nicht. Ich empfinde es auch als Beschwichtigung eines beunruhigten Denkgewissens, wenn hier der Begriff des Gott-Ebenbildes herangebracht wird, als ob dadurch die Schärfe des »Auch-Seins«, des »Neben-Ihm-Stehens« abgeschwächt würde.

Mir scheint, die Antwort müsse anders ansetzen, etwa so: Gott ist, lebt und hat das Schlechthinnige – nur eines nicht: das Endliche. Ebendieses will Er aber. Und ist es Sentimentalität, aus Worten wie Joh. 3, 16 – »so sehr hat Gott die Welt geliebt« – eine tiefe, geheimnisvolle Zärtlichkeit des All-Seienden für die Endlichkeit des Endlichen, für dessen wesenhafte »Armut« herauszuhören?

So muß, scheint mir, etwas angenommen werden, an das man nicht oder nicht klar genug denkt: ein in Gottes innerstem Leben, in seinem »Herzen« lebender Wille, zum Endlichen »hin zu gelangen«, die eigene Absolutheit zu überschreiten – besser wohl: zu unterschreiten.

Das soll in großer Ehrfurcht gesagt sein, versuchsweise. Vor allem unter klarer Abgrenzung gegen den plotinischen Gedanken, als bestehe hier eine Notwendigkeit, ein unwiderstehlicher Drang des Über-Reichen, sich mitzuteilen; eine Wesenseigenschaft der »Quelle« zu strömen; auch dagegen, als hätte Gott irgendeinen »Nutzen« an dem Endlichen. Ein solcher Gedanke würde Gott unter naturhafte Kategorien stellen. Es dürfen aber nur personale, existentielle Begriffe zur Anwendung gelangen – so unzulänglich auch sie, wie alle Begriffe des Menschen, vor Gott sein mögen. Am Anfang von allem muß Seine radikale Freiheit stehen – freilich auch, daß diese Freiheit den Charakter der souveränen Großmut, ja der »Kühnheit« hat. Und selbst der Hinweis auf diese genügt noch nicht; sondern hier beginnt bereits das, was der nie auszuschöpfende Satz des Philipperbriefes (2, 5-8) aussagt: die »kenosis« als Ausdruck von Gottes »phronesis«, Seiner Gesinnung; die »Selbst-Entäußerung«, »Selbst-Vernichtung« des höchsten Herrn, seine Demut.

Ich weiß, der Gedanke ist gefährlich, weil er in die Nähe des Pantheismus zu geraten droht, welcher selbst ja eine Vorstufe zum Atheismus bildet. Das ist aber kein Grund, den Gedanken gar nicht, sondern nur, ihn in der Wachsamkeit des Glaubens zu denken.

Gott »beschließt«, das Endliche zu schaffen und zwar bis zu dessen Gipfelung, das heißt, zum freien Geschöpf, zum Menschen. Dieses Endliche bleibt aber jenem Grund-Willen nach nicht »außerhalb« Seiner.

Alles, was Gott tut, tut Er »im Ernst«, und es ist eine wichtige, ja entscheidende Bestimmung, wenn wir das sagen. Es meint, was Er tue, geschehe nicht »olympisch«, von unbeteiligter Souveränität herab; denn diese bedeutet im Grunde nicht Seinsüberlegenheit, sondern Seinsschwäche, die fühlt, sie werde durch das Sich-Einlassen

mit dem Geringeren in Gefahr kommen. Vielmehr so, daß »es Ihn angeht«, daß Er es in sein Leben zieht. Alle Pantheismen erscheinen mir als verfehlte Versuche, mit dieser Konsequenz fertig zu werden. Also muß man sie richtig verstehen.
Du hast einmal gesagt, man könne Gott nicht menschlich genug denken. Ich habe das Wort nie vergessen und möchte es hier wieder aufnehmen. Die Offenbarung spricht, der Mensch sei als Gottes Ebenbild geschaffen (Gen. 1, 26). Dieser Satz muß aber auch umgekehrt gedacht werden. Daß Gott sich als Urbild des Menschen gewollt hat, bedeutet auch, Er sei so, daß Er sich selbst ins Endliche »übersetzen« kann. Daß von Ewigkeit in Ihm eine »Beziehung« zum Endlichen ist.

Wenn aber Gott die Endlichkeit und in ihr als ihre Gipfelung den Menschen erschafft, dann erschafft Er auch die Freiheit und mit ihr die Möglichkeit des Bösen. Das Böse ist aber nicht, wie die Gnostiker gemeint haben, der polare Gegensatz, gar die – psychologische oder metaphysische – Antivalenz des Guten, so daß es zur Fülle der Endlichkeit gehörte, sondern der Widerspruch zum Guten.

Zum »Wesen« des Bösen – wenn dieses Wort hier überhaupt gebraucht werden kann, da das Böse als solches ja kein Wesen hat –, jedenfalls zu seinem Begriff gehört, daß es nicht sein darf. Daß es auch nicht zu sein braucht, vielmehr alle Möglichkeit des Seins, des Lebens, des Werkes rein vom Guten her gegeben ist. Schon jetzt aber transzendiert die irdische Endlichkeit unsere Erkenntnismöglichkeiten. Wie groß wäre die Inkongruenz, die Welt ohne das Böse zu erfahren? Das Böse ist an sich ganz »überflüssig«; die ewige Klarstellung dieses Sinnverhalts wird jene »confusio«, Beschämung bilden, die es im Gericht erfahren soll. Doch ist es möglich; es kann geschehen.
Wenn aber Gott, der Heilige, das Böse absolut ablehnt – ist es dann denkbar, daß Er, indem Er den Menschen erschafft, ebendamit auch die Möglichkeit schafft, daß das Böse geschehen könne? Wenn Er, der Allwissende, sogar ewig weiß, daß es geschehen werde? Offenbar ist Ihm das Endliche so wichtig, daß Er diese Möglichkeit

»wagt«. Das ist die »Kühnheit« Gottes, die geheimnisvolle, an die man nur in äußerster Ehrfurcht hindenken darf.
Wenn man den Gedanken in solcher Ehrfurcht weiterdenkt, dann scheint aber der »Ernst« dieser Kühnheit darin zu bestehen, daß der Schöpfer »vom ersten Anfang an« auch die Verantwortung für das Geschehen des Bösen durch sein Geschöpf auf sich nimmt. Daß Er die Schuld des Bösen, das der Mensch tun kann und tun wird, selbst zu sühnen gewillt ist.
Damit wird Er in keiner Weise mit diesem Bösen solidarisch. In keiner Weise bejaht Er es, als sei es im Ganzen des Daseins notwendig – was nämlich bedeuten würde, daß es auch für Ihn, der dieses Dasein erschafft, unumgänglich wäre. Das Böse darf nicht und braucht auch nicht zu sein. Gott »macht sich aber nichts vor«, sondern hält von vornherein dieser Möglichkeit, welche Wirklichkeit werden wird, stand.
Der Gotteswille, der durch die ganze Heilsgeschichte hin das Böse in absoluter Entschiedenheit ablehnt und ahndet, ist eins mit dem Ernst, der die Verantwortung für das von seinem Geschöpf realisierte Böse auf sich nimmt.
Gott wird Mensch. Er hängt sich das Menschsein nicht nur um, sondern Er »wird« Mensch. Das heißt: in Jesus »wird« Gott endlich. Nach Jesu Tode schüttelt Gott nicht – wie das die sehr ernste, aber dualistisch verzerrte Sorge der Doketen gemeint hat – das Menschliche von sich ab, sondern Er bleibt Mensch. Mehr: Jesu Menschlichkeit »setzt sich nieder zur Rechten des Vaters«.
Paulus aber – im Epheser- und Kolosserbrief – und Johannes – in den Schlußkapiteln der Geheimen Offenbarung – sagen, in Christi verklärtem Menschentum werde, als in der das endliche Dasein ver-ewigenden Heilsgestalt, die Welt und darin der Mensch, Gottes erlöstes Volk, durch die Liebesmacht des Geistes heimgeholt. So werde alles Eins sein: »himmlische Stadt«, »Braut«, »Hochzeitsmahl«.
Alles das aber heißt: Gott, der Absolute, hat das Endliche in sein Leben aufgenommen. Er hat das Einzige, was Er vom Wesen nicht ist, für sich gewonnen.
Das freilich in einer Weise, die auszusprechen man zögert. Es ist

die Weise, welche sich in dem so viel zerstörten Wort »Liebe« ausdrückt. Denn in ihrer ursprünglichen Bedeutung ist »Liebe« jenes Ungeheure, das dieses Mysterium verwirklicht.
Liebe ist Opfer. Dieses beginnt, wie schon gesagt, in jenem Charakter der »kenosis«, der Demut, den schon der erste Wille Gottes zur Selbstunterschreitung enthält. Er drückt sich in der »Knechtsgestalt« des Mensch gewordenen ewigen Sohnes aus; in seinem Schicksal, im Kreuz. Ich setze die Worte des Philipperbriefes her, die nun ihre ganze Bedeutung enthüllen: »Nach jener Gesinnung zu einander trachtet, die auch in Christus Jesus war. Er, der in Gottesgestalt war, hat nicht geglaubt, sein Gott-gleich-sein [ängstlich] festhalten zu sollen, [weil es Ihm nicht wirklich zugekommen wäre]. Vielmehr hat Er sich selbst entäußert, indem Er Knechtsgestalt annahm und Menschen gleich wurde. Dadurch, daß Er in seinem Äußeren wie ein Mensch erfunden wurde, hat Er sich selbst erniedrigt; ist gehorsam geworden bis zum Tode, ja bis zum Tod am Kreuz« (Phil 2, 5-8).
Als Du, lieber Freund, vor wenigen Tagen hier warst, haben wir darüber gesprochen, daß, aufs Ganze und Letzte gesehen, das Leiden mehr ist als Glück, womit natürlich alles andere gemeint war als Lebensschwäche oder Lebensfeindschaft. Im richtig gelebten Leiden verwirklicht sich ein höherer Wert als in der Freude. Der Widerstand gegen die christliche Offenbarung, gegen »das Christliche« überhaupt – denk an die bösen Worte Goethes, von Nietzsche gar nicht zu reden – ist der Widerstand des »natürlichen Menschen« gegen alles, was hier gesagt wurde. Ein Widerstand, welcher aus der Revolte der sich selbst behauptenden Endlichkeit kommt, die ihren Sinn nicht im Bezug zu Gott, sondern in der autonomen Selbsterfüllung gewinnen will.

Der ganze hier dargelegte Gedankengang bewegt sich auf des Messers Schneide, denn er steht immerfort in Gefahr, Gott ins Endliche zu ziehen, ja Ihn mit dem Bösen zu verbinden. Ich bin nicht sicher, ob es mir gelungen ist, die Gefahr wirklich zu vermeiden; der Wille war jedenfalls da.
Ebenso groß ist die andere Gefahr, frevelnd an Gottes inneres Leben

zu rühren. Aber ist diese nicht der dunkle Begleiter alles theologischen Denkens? Und wird sie nicht in der Form kalter Sachlichkeit – sei es »wissenschaftlicher« Objektivität, sei es alltagshafter Gewohnheit – öfter wirklich, als man denken sollte? Aber ich glaube, das Letzte, über alle Begriffe Gehende, worin allein die Erschaffung des Menschen wie die Existenz Christi sich rechtfertigt, das zu jener absoluten Huldigung von Gottes Liebe ruft, welche Anbetung heißt, kommt nicht zum Vorschein, wenn diese Gedanken nicht zu Ende gedacht werden.

Christ sein heißt, durch die Offenbarung, durch Glaube und Taufe in diesen Sinnzusammenhang hineingekommen zu sein und darin zu leben.

Ich bitte Dich, das Dargelegte zu prüfen und mir zu sagen, was daran richtigzustellen – oder ob vielleicht gar der ganze Gedankengang abzulehnen ist, und grüße Dich in einer Denk-Gemeinschaft, deren Dauer das halbe Jahrhundert schon überschritten hat.

Nachträge zum ersten Brief:

ÜBER DIE FREIHEIT, DAS BÖSE UND DAS PARADIES
(14.8.1963)

Wenn im Zusammenhang mit der Erschaffung des Menschen von Freiheit geredet wurde, so muß dieses Wort in seinem vollen Sinn verstanden werden.
Es meint nicht nur die Wahl zwischen Gut und Böse und also die Möglichkeit des Bösen, sondern viel mehr. Vor allem die Weise, wie das Gute gewollt wird, nämlich nicht aus Notwendigkeit, sondern aus jener inneren Anfangskraft, Ursprungsmächtigkeit, die eben Freiheit heißt.
Weiter die Möglichkeit, wiederum in innerer Anfangskraft, von einem Guten zum anderen, von einer Stufe des Guten zur höheren vorzuschreiten.
Freiheit bedeutet auch, was oft übersehen wird, die Weise, wie der Mensch da ist und zur Welt steht: den Stand in sich selbst, die seinsmäßige (natürlich relative) Unabhängigkeit von Welt und Umwelt; damit den Abstand zur Welt, aus dem heraus er allein erkennen und urteilen kann.
Freiheit bedeutet den Griff nach der Welt, aus welchem Besitz (das Tier besitzt nie, auch wenn es frißt), Herrschaft, Werk hervorgehen.
Freiheit bedeutet nicht nur einen Charakter des Tuns, sondern einen solchen des ganzen Lebens und Seins; jenen, der das begründet, was »Existenz« heißt: das Frei-Sein, das Stehen in Freiheit, aus welchem Selbst-Besitz, Selbst-Gestaltung, Selbst-Freude hervorgehen.

Damit der eigentümliche Wert, welcher »Person« heißt: daß der Mensch nicht besessen werden kann, nur wenn er sich selbst gibt..

daß er Würde hat..
Versuch, das aufzuheben: die Sklaverei..
Das Laster als ein Sich-Verlieren im Bösen.. Der pathologische Zwang.. Die dämonische Besessenheit..

Im ersten Brief war davon die Rede, daß das Böse nicht zu sein brauche, daß es für die volle Verwirklichung des Daseins in keiner Weise nötig, ja daß es im radikalen Sinne überflüssig sei. Damit wurde natürlich nichts übersehen, was in dem kühnen Wort Augustins von der »felix culpa« liegt. Auch nichts von alledem, was aus dem Kampf mit dem nun einmal geschehenen Bösen, aus den Spannungen dieses Kampfes an Opfer, Überwindung, Reifung, Vertiefung usw. hervorgeht.
Vielmehr war gemeint, volles Dasein sei vor der ersten Schuld ohne das Böse, rein aus dem Guten möglich gewesen. Ja das eigentliche, von Gott intendierte Mensch-Welt-Dasein habe rein aus dem Guten hervorgehen sollen. Eine andere Frage ist, ob diese Möglichkeit, nachdem alles Dasein vom Bösen durchwirkt ist, auch nachher noch möglich ist, besonders wenn man nicht einen einzelnen Menschen oder eine einzelne Gruppe aus dem Zusammenhang des historischen (Vererbung usw.) oder gleichzeitigen Ganzen isoliert.
Biblisch ausgedrückt: Alle Möglichkeit zu jeder Entfaltung lag im Paradies. Dieses ist kein Mythos. Schon gar nicht jene kindische Angelegenheit, die heute aus ihm gemacht wird. »Paradies« bedeutet die Verwirklichung des Daseins aus reiner Gottesgemeinschaft, aus dem reinen Guten, ja aus dem Heiligen.
Die Schwierigkeit, das vorzustellen, ist eine doppelte.
Einmal die elementare Tatsache, daß es »verloren« ist. Durch die Schuld des Menschen hat es sich nicht verwirklicht. Durch seine Verbindung mit der Prüfung am Anfang aller Geschichte kann es innerhalb der letzteren nicht mehr verwirklicht werden. So scheint es außer Zusammenhang mit dem zu stehen, was für uns »Wirklichkeit« heißt. Es ist dadurch weithin in den Charakter des Mythischen (Inseln der Hesperiden, Goldenes Zeitalter), dann den des Märchenhaften (Schlaraffenland, das Haus mit den hundert Zimmern), schließlich in den des einfachhin Unernsten abgesunken.

Hinzu kam, daß der Mensch die Ursünde, die Selbstbehauptung gegen Gott fortsetzte und sich dahin rechtfertigte, das Böse sei eine existentielle Notwendigkeit für den Einzelnen sowohl wie für die Geschichte. Danach mußte die Menschheit das Paradies des ganz guten Daseins verlassen, um geschichtsmündig –, so wie der Einzelne die »unschuldige« Kindheit verlassen muß, um erwachsen zu werden.

Eine Existenz des Menschen – und durch ihn des Schöpfungsganzen, der »Welt« –, die sich aus dem Guten allein verwirklichte, können wir uns nicht vorstellen, weil das Böse zu einem Element geworden ist, das überall, auch noch im Vorstellen selbst steckt. Es gibt kein Moment, keinen Akt, keinen Geschichtsvorgang, in welchem nicht, direkt oder indirekt, als Motiv oder als Voraussetzung das Böse enthalten wäre. Nehmen wir als Beispiel jene Zuspitzung des Problems, die Reinhold Schneider so viel zu schaffen gemacht hat: das Tragische. Darin verwirklicht sich ein Höchstes von dem, was »menschliche Größe« heißt. Das hängt aber aufs engste mit der Schuld zusammen. Man kann das Tragische geradezu als jene Erhebung zum Großen und Ungemeinen definieren, die der Mensch in einer Situation vollzieht, welche durch die Schuld entweder herbeigeführt oder doch mitbestimmt ist. Wäre diese Erhebung in einem Dasein möglich gewesen, das sich nur aus dem Guten heraus vollzogen hätte? Bedeutet es nicht Flucht vor dem letzten existentiellen Ernst, das zu behaupten?

Auf die Frage können wir nicht direkt antworten, weil, wie gesagt, in allem, auch noch in unserem Darüber-Nachdenken, das Böse enthalten ist. Wir können nur die behauptende Aussage vollziehen, letztere Größe sei auch aus der Allein-Herrschaft des Guten, ja aus ihr heraus allein möglich gewesen – das aber aus einer mit letztem Ernst vollzogenen philosophischen Analyse des Gutheitsbegriffs, vor allem und vielleicht ausschließlich aus dem Glauben heraus.

Hier hat aber die Theologie etwas Wichtiges versäumt. Sie hat den Gedanken des Paradieses nicht ernst genug genommen. Sie hat zugelassen, daß aus der menschlichen Existenz im Paradies eine Kinderangelegenheit geworden ist. Sie hat vergessen, daß der Begriff des Paradieses eine beständig wirksame Korrektur, ein Abhebungs-

hintergrund für das Verständnis des Daseins bildet, wie es nun geworden ist.
Eine Parallele zu der Bedeutung, die das Bewußtsein vom verlorenen Paradies für das Verständnis des Gegebenen hat, liegt in folgender Frage:
Jesu Botschaft vom Reich Gottes und der Möglichkeit, daß es damals gekommen wäre – siehe seine ersten Worte: »Das Reich Gottes ist nahe herbeigekommen, ändert euren Sinn und glaubet«, fortzusetzen in dem Satz: dann wird es ankommen – hat sich nicht erfüllt, weil diejenigen, auf denen die Verantwortung lag, sie nicht angenommen haben. Mußte das so kommen und die Erlösung durch Jesu Tod gehen? Oder hätte sich alles durch »das Gute«, den gläubigen Gehorsam gegenüber der Botschaft erfüllen können?
Allein durch diese Frage wird die Geschichtlichkeit von Jesu Person und Werk erfaßt. Sonst wird aus dem Kreuz ein notwendiger Faktor im »Prozeß« der Erlösung – ebenso wie aus dem Verlorensein des Paradieses, soweit es überhaupt ernst genommen wird, ein notwendiger Faktor für die Realisation der Geschichte geworden ist. Wenn die Möglichkeit eines »im Paradiese« stehenden Daseins und einer »aus dem Paradies« hervorgehenden vollen, ja erst im eigentlichen Sinne vollen Existenz des Einzelnen und der Geschichte geleugnet oder auch nur beiseite gelassen wird, dann wird von vornherein das Böse (ja das Wider-Heilige) zu einem notwendigen Element der Existenz gemacht.

Zweiter Brief

VON DER CHRISTLICHEN VERANTWORTUNG FÜR DIE WELT

(13. 8. 1963)

Die im ersten und ebenso die in diesem Briefe enthaltenen Gedanken versuchen, einen Beitrag zur Deutung unserer Existenz von der Offenbarung her zu geben – was auch einen Beitrag zu jenem Verständnis der Offenbarung darstellt, die von der Gegenwart her möglich und gefordert ist.
Der – vorsichtiger gesagt, ein – Ausgangspunkt dafür ist das heute mögliche und geforderte Verhältnis zur Welt. In meinem Buche »Sorge um den Menschen«[1] habe ich zu sagen versucht, worum es es da geht.

Wir müssen die Welt in einer neuen Weise sehen – und der Wandel, um den es dabei geht, ist bereits im Gange. Damit soll aber nicht gesagt sein, die alte Weise sei einfachhin falsch gewesen. Sie war die für ihre Zeit mögliche und – da es sich dabei ja auch, ja zuerst um etwas Existentielles, um eine Grundform lebendigen Verhaltens handelt – richtige. Aber jedes Motiv im Empfinden und Wollen und Denken des Menschen, wie er nun einmal ist, geht ins Extreme. So ist aus der Notwendigkeit, einer gewaltig erlebten Welt gegenüber christlich unabhängig zu werden, und aus dem Willen, ganz zu Gott hinüberzukommen, eine Haltung entstanden, welche der Welt ihr Recht, auch von Gott her gesehen, nicht gab. So konnte dann das Gefühl von Renaissance und Neuzeit dem Mit-

---

[1] Werkbund-Verlag, Würzburg ³1967.

telalter den im Grunde falschen, sekundär jedoch richtigen Vorwurf machen, es verachte die Welt und fliehe vor ihr.
Auf jeden Fall wurde die Welt selbst und als solche nicht als christliche Aufgabe gesehen. Sie war der nun einmal gegebene Ort des Daseins; auch gab es Pflichten in ihr: gegen König, Familie, Stand usw. Vor allem aber war sie Versuchung. Nicht war sie als Welt Gegenstand christlicher Verantwortung.
Das hat sich gerächt. Eine Welt ist entstanden, die als solche nicht christlich durchwirkt, sondern, religiös gesehen, dem Nichtgläubigen überlassen war: dem Pantheismus, Rationalismus, Deismus, der Skepsis usw. Genauer gesagt: Das mittelalterliche Bewußtsein hat auch sie christlich durchgeformt, aber sozusagen trotz ihrer, in der Phantasie, symbolisch, über ihre Wirklichkeit hinweg – denken wir an die Kunst, die Dichtung (Dante), die soziale und politische Ordnung (Hierarchie und Reichsidee), das Naturdenken (Symbolismus). Sie war nicht real gesehen und in ihrer Realität christlich erfaßt und in Verantwortung genommen. Entsprechend entstand auch eine Christlichkeit ohne Gehalt an realer Welt. Daraus kam eine Verarmung des christlichen Gedankens selbst, eine Dürftigkeit und Abseitigkeit; eine christliche Existenz, die nicht in der geschichtlichen Stunde stand, ebenso wie eine vom Christen im Stich gelassene Welt.
Von hier aus ist uns eine Aufgabe gestellt: nämlich eine nicht nur widerwillig zugestandene, sondern aufrichtig gewollte christliche Sorge um die Welt; eine Sorge, die sich nicht nur um Notwendigkeiten und Aufgaben in der Welt, sondern um sie selbst und als solche sorgt. Das aber ist nur möglich, wenn die Welt als von Gott gewollte und Ihm teure Wirklichkeit und Wertfülle, als etwas gesehen wird, das Er dem Menschen anvertraut hat.
Das Wort der Genesis: »Gott der Herr . . setzte [den Menschen] in den Garten Eden, daß er ihn bebaue und bewahre« (2, 15), ist zunächst vom »Paradies« gemeint, das heißt, von der durch den reinen Menschen erfahrenen und regierten Welt – denn die eigentliche, volle »Welt« entsteht ja erst aus der Begegnung des Menschen mit der Natur: diese Begegnung aber sowohl wie das daraus hervorgehende Erkennen und Bewerten, Tun und Gestalten vollzog sich aus

dem ersten, ungebrochenen Einvernehmen mit Gott in Liebe und Gehorsam. Es gilt aber auch und in einem besonders dringlichen Sinn für die Welt, die durch den schuldig gewordenen und verwirrten Menschen erfahren und regiert wird.

Das Christentum ist geschichtlich. Das Wort darf nicht historistisch oder relativistisch im Sinne der liberalen Theologie, sondern muß im Sinne jener Geschichte verstanden werden, die Gott mit seiner Schöpfung führt.

Durch sie gibt Er jeweils der christlichen Existenz die Bedingungen vor, in denen sie sich zu verwirklichen hat. Daher gibt Er auch dem theologischen Denken die Situation, aus der heraus es Offenbarung und Welt verstehen soll. Die Gedanken dieses wie auch des ersten Briefes sind ein Versuch, diese Situation zu sehen und ihr theologisch zu genügen.

Das christliche Bewußtsein – und mit ihm die Theologie, in welcher es seinen gedanklichen Ausdruck findet – hat bisher, scheint mir, folgendes Schema für das Verhältnis Gottes zur Welt zu Grunde gelegt. Ich spreche vereinfachend und überbetonend, da es darum geht, etwas Werdendes, noch unklar Empfundenes ins Bewußtsein zu heben. Es hat Gott so gesehen, daß Er »olympisch« über der Welt steht. In häretischer Form kam das im Deismus zum Ausdruck, nach welchem Gott die Welt geschaffen und sie radikal in sich selbst gestellt hat, so daß sie fortan als Natur wie als Kultur ganz aus Eigenem besteht und sich gestaltet, Er aber gewissermaßen abwartet, was daraus wird, und es dann beurteilt, »richtet«.

Diesem Grundgefühl nach war Gott, was Ihn selbst anging – um das Wort zu brauchen –, existentiell nicht an der Welt beteiligt. Ja, da die Sünde geschehen war, immer weiter geschah, und sie in alles hineinwirkt, darf man sogar sagen, daß Gott diesem Gefühls- und Denkschema nach der Welt mit Mißtrauen gegenüberstand, so daß die Grundintention richtigen christlichen Verhaltens darin bestand, sich nach Möglichkeit von ihr zu lösen. Damit nichts Verkehrtes entsteht: Mit »Mißtrauen« ist nicht jene Haltung gemeint, die der Christ der Welt gegenüber immer haben muß – siehe, um nur eines zu nennen, die Warnungen des ersten Johannesbriefes –, hervorgehend aus der Tatsache, daß sein Verhältnis zur Welt verstört ist, sie zur Verführung werden kann; vielmehr darüber hinaus ein zeitgebundener Charakter des Verhältnisses zur Welt, der sich wandeln kann, ja sich aus christlicher Verantwortung heraus wandeln soll.

Bei dieser Weise, Gottes Verhältnis zur Welt zu sehen, blieb, glaube ich, im Grunde außer Betracht, daß Er in einem bestimmten Augenblick, um den Menschen zu erlösen, sich in einer solchen Weise »einsetzte«, wie es in der Inkarnation geschehen ist. Diese war nicht vorbereitet. Sie mußte als ein sozusagen blitzartig eingreifender Akt, ein absolutes göttliches »supererogatum« empfunden werden, auf das der so begnadete Mensch mit einem erschütterten, aber nicht verstehenden Dank antwortete.

In dieser Haltung entsteht die verwunderte Frage: »Warum?« Alles hätte doch auch anders, einfacher, in einer, wie das unmittelbare Gefühl meinen mußte, Gottes Souveränität gemäßeren Weise geschehen können. Erlösung wäre auch durch einfache Vergebung seitens des absoluten Souveräns möglich gewesen; Offenbarung durch fortschreitende Erleuchtung berufener Menschen; Unterweisung und Wegweisung durch Berufung und Befähigung geeigneter Persönlichkeiten. Warum also diese – in großer Ehrfurcht gesprochen – ungeheuerliche »Vergeudung«? Wie kam der so vollkommen souveräne Gott dazu, sich in einer Weise selbst einzusetzen, die als eine plötzliche, alle Proportionen sprengende Explosion erscheinen mußte? Denn auch die Prophetie hob, so lange jenes Schema wirksam war, dieses »Unverhältnis« nicht auf, unterstrich es sogar noch durch das Bild des leidenden Gottesknechtes.

Mir scheint, die Menschwerdung darf nicht als isoliertes Ereignis, sondern muß als der letzte Ausdruck von etwas verstanden werden, das schon vom ersten Ratschluß der Schöpfung her gegeben war, das im ganzen Verhältnis Gottes zu seiner Schöpfung wirksam ist.

Das Gefühl dafür hat sich ja auch in der Geschichte des theologischen Denkens gerührt. Es hat zu dem Gedanken geführt, die Menschwerdung wäre auch ohne den Sündenfall geschehen, hätte aber dann nicht den Charakter einer Sühnung der Menschenschuld, sondern den der Vollendung des Gotteswerkes gehabt. Der Gedanke ist aber vom theologischen Gesamtdenken nicht aufgenommen worden, und es wäre genauer zu fragen, wo die Gründe dafür gelegen haben. Mir scheint, sie liegen darin, daß das ganze Verhältnis Gottes zur Welt von jener Unbeteiligung, ja jenem »Mißtrauen« her gedacht worden war.

So geht es nun darum zu sehen, daß Gottes Verhältnis zur Welt nicht »olympisch« ist, keine aus absoluter Distanz heraus vollbrachte Wunderleistung souveräner Macht bildet, sondern daß Er von vornherein und für immer an ihr beteiligt ist. Nicht – noch einmal und mit immer neuem Nachdruck gesagt – als ob Gott der Welt bedürfte, auch nicht, als ob Er mit ihr seinsmäßig eins wäre; abermals nicht, als ob die Welt durch eine wesenhafte Emanation aus seinem Leben hervorginge, sondern weil Er in reiner Freiheit, in einem Akt nicht zu begreifender Selbsthingabe, der »Liebe« heißt, es so gewollt hat.

Daher ist Gott am Sein, am Geschehen, an der Entfaltung, am Schicksal des Menschen und durch ihn der Welt »existentiell« beteiligt. Dieses Verhältnis hat am Beginn der Offenbarungsgeschichte einen sozusagen programmbildenden Ausdruck gefunden, nämlich in jenem Akt, durch den Er sich ein Volk schuf und mit ihm den Bund schloß, wonach es »Sein Volk« und Er »dessen Gott« sein wollte. Er hat in konkreter Weise kundgetan, was in verhüllter, »allgemeiner« Weise schon überall und bis in die letzten Fernen des Universums wirksam war: daß Gott an der Welt beteiligt sein will.

In definitiver Weise ist das dann durch die Menschwerdung geschehen. In ihr bricht Gottes Selbstbeteiligung an der Welt in radikaler Weise durch. Sie ist das Ereignis, in welchem Er »Mensch« und damit – in Vorsicht gesagt – selbst »Welt« wird.

Was in der Inkarnation geschieht – das persönliche Sich-Hineingeben Gottes in die Geschichte des Geschaffenen –, vertieft sich durch die Eucharistie, in der Er sich selbst – wenn es erlaubt ist, so zu sprechen – zum »Material« des menschlichen Lebens macht, denn das ist die Speise ja doch. Sie ist die Weise, wie Er sich zum »Knecht«

des Menschenwillens im Sinne des Philipperbriefes macht. Bedenke den unbegreiflichen Gehorsam, in dem Er sich dem »Befehl« des Priesters zur Verfügung stellt, der die Wandlungsworte der Eucharistiefeier spricht, wenn er will und wann er will und in welcher Verfassung es sein mag.

Was, von hier aus gesehen, theologisch »Geschichte« heißt, ist einmal das Unbegreifliche des Weltgeschehens überhaupt, des Werkes Gottes, an welchem Er, der Ewige, verantwortlich beteiligt ist.
In einer besonderen Weise realisiert sich diese Unbegreiflichkeit in der Menschengeschichte. Das Leben und Schicksal Jesu war nicht nur Geschichte dieser einen, einzigartigen Gestalt, sondern konzentrierte Offenbarung dieses Geschehens, das sich in allem, was Menschengeschichte bildet, vollzogen hat. »Geschichte« ist nicht nur das Werden und das Geschick des jeweiligen Einzelnen, eines Volkes, der Menschheit, sondern immer auch Geschichte Gottes, insofern Er nämlich daran mit seinem »Ernst« beteiligt ist. Christliche Religion aber ist im Letzten die von der Offenbarung getragene Form, das zu verstehen und sich entsprechend zu verhalten.
In einem besonderen Charakter offenbart sich der Wille Gottes, im Menschen Geschichte zu haben, darin, wie der Einzelne sich religiös verhält: glaubt oder nicht zum Glauben gelangt oder den Glauben ablehnt; den Glauben lebt, in ihm wächst oder ihn verkümmern läßt; wie er seinen sittlichen Kampf kämpft, überwindet oder verliert. In alledem ist Gott nicht nur der erhabene Zuschauer, der Beurteilende, Belohnende und Strafende, sondern Er steht selbst darin. Der alte Begriff der »Ehre« – oder »Beleidigung« – Gottes ist, bis auf den Grund gedacht, schon ein Anlauf zu diesem Mysterium.
Es bekommt seine letzte Intensität in der paulinischen Lehre von der Inexistenz des auferstandenen Herrn im Glaubenden, kraft deren die Existenz des Christen das Mysterium bildet, wonach jeder sagen darf: »Er lebt in mir, und ich lebe in Ihm«. Ein Mysterium, das sich in jedem Glaubenden neu vollzieht. Es wird von Paulus geradezu als eine Geschichte definiert, die Christus – das heißt aber Gott – in ihm hat und das von der »Geburt« Christi in der Taufgeburt des »neuen Menschen« bis zum »Vollalter« und zur Voll-

endung geht. Diese Geschichte vollzieht sich in jedem neu und je anders. Sie empfängt ihr letztes Siegel im »neuen Namen, den keiner kennt als Gott allein und der ihn empfängt« (Apok 2, 17). Aber wie sehr ist das Geschichte, das heißt aus Freiheit sich vollziehendes und durch sie gefährdetes Geschehen!

Zwischen Gott und dem Menschen hat sich ein Abgrund geöffnet – durch die Sünde und das, was sie angerichtet hat. Aber noch die Sünde selbst ist Geschichte Gottes, sein »Schmerz«.

Wie der erste große Abfall des Volkes Israel sich vollzieht und seine Wortführer nicht mehr die unmittelbare Regierung Gottes, sondern einen König wollen, »wie alle Völker ihn haben«, und Samuel darüber vor Gott seinen Schmerz ausdrückt, antwortet ihm der Herr: »Nicht dich haben sie verworfen, sondern mich« (1 Sam 8,7). Darin öffnet sich dem Blick eine unendliche Tiefe. Ähnlich wie im Bericht der Genesis über die sittliche Verwilderung der Menschen, wo es heißt: »Es reute Ihn, den Menschen gemacht zu haben auf Erden, und Er empfand Kummer in seinem Herzen« (6, 6). Von unendlicher Tiefe her droht die Möglichkeit herauf, Er könnte die Welt auslöschen, welche Möglichkeit sich dann in die Sintflut einschränkt.
Die Erlösung aber, die schon am Anfang aller Geschichte einsetzt – darin nämlich, daß die ersten Menschen nicht, wie es der furchtbaren Wucht des Geschehnisses entsprechen würde, an ihrer Schuld gleich zu Grunde gehen, die Androhung des Todes sich nicht sofort und katastrophisch vollzieht –, überwindet in unendlich langer Zeit die Kluft: Gott »eint« in Christus das durch die Sündenferne Getrennte.
Je weiter wir in die Geschichte zurückgehen, desto stärker wird das, was »religiöse Erfahrung« heißt. Das Wort meint jenes unmittelbare Empfinden, das in allen Dingen, allen Geschehnissen, allen Zusammenhängen unmittelbar ein numinoses Element fühlt. Danach ist alles Wirkliche mehr als das, was die von unserem heutigen Gefühl her so zu nennende »empirische« Erfahrung auffaßt. Jedes Wirkliche ist das, was darin gesehen, gemessen, gegriffen werden

kann »plus« der Tatsache, daß es von Gott geschaffen ist und von Ihm im Sein erhalten wird. Dieses Gefühl scheint immer schwächer zu werden. Die heutige allgemeine Glaubenskrise besteht zu einem großen Teil darin, daß diese unmittelbare religiöse Erfahrung – wahrscheinlich unter dem Einfluß von dem, was Masse, rationale Wissenschaft und Technik heißt –, abnimmt, vielleicht überhaupt verschwindet; daß die geschaffene Endlichkeit, die Welt und der Mensch selbst sich für das Gefühl sozusagen von Gott ablösen, »bloße« Welt, »bloßer« Mensch, »nackt« werden. Die Unnatur dieses Zustandes zeigt sich in alledem, was Philosophie, Kunst, ärztliche Erfahrung, Psychologie usw. die »Angst« des heutigen Menschen nennen, seine »Ortlosigkeit« und »Einsamkeit«, seinen Überdruß. Auf der anderen Seite wird die Welt im Großen wie im Kleinen als immer ungeheurer erkannt, die Bedeutung des Menschen, seine »Macht«, als immer größer werdend erfahren.

Ein Existenzbild arbeitet sich heraus, in welchem der Mensch als »bloßer«, nackter, aber beständig gewaltiger werdender, »titanischer« Mensch mit der bloßen, nackten, aber immer ungeheuerlicher werdenden Welt allein ist; in welchem er nach ihr greift und sie zum Material für ein Werk macht, dessen Grenzen ins Nicht-zu-Messende gehen. Im Maße das geschieht, werden Gott und alles Göttliche immer fremder und unwirklicher. Sie werden als Bezeichnung von Mächten und Möglichkeiten empfunden, die einst über den Möglichkeiten des Menschen lagen, die er aber nun selbst in die Hand nimmt. Soweit Gott und Religion im Gefühl von Menschen noch real sind, werden sie von den Andersdenkenden als Erfindungen sozialer Gruppen (Kirchen) empfunden, die Ihn zur Erreichung ihrer Interessen oder zur Aufrechterhaltung ihrer weltfeindlichen Macht benutzen. Zwischen Ihn und den Menschen wird jenes »entweder Er oder ich« gestellt, das Friedrich Nietzsche und, mit anderer Farbe, aber gleichem Sinn, Karl Marx aufgestellt haben.

Es ist gesagt worden, dieser Zustand sei als »Gottesferne«, als »Gottverlassenheit«, als von Gott verhängte »Finsternis« zu verstehen. Mir scheint, der Gedanke ist irrig; er scheint selbst in den geschil-

derten Vorgang hineinzugehören. Ich glaube – das wird in derselben Behutsamkeit ausgesprochen wie alles, was hier gesagt wird –, diesen Zustand nimmt Gott selbst als eigenen Schmerz. Er duldet ihn als Teil jener Geschichte, die Er in seiner Welt lebt.
Aus dem Gesagten entsteht die Frage: Wenn die unmittelbare religiöse Erfahrung wirklich abnimmt, vielleicht eines Tages als allgemein wirksamer Faktor überhaupt verschwindet; wenn anderseits die Welt immer höheres Eigengewicht bekommt, der Mensch immer größere Macht gewinnt, der Weltreiz ihn immer stärker überflutet, die Weltaufgabe immer gewaltiger wird und ihn immer mehr in Anspruch nimmt – wie kann er dann zur Gotteserkenntnis, zum Glauben kommen, bzw. welchen Charakter wird der Glaube haben[1]?
Mir scheint, Ausgangspunkt für die Gotteserkenntnis wird die genaue und redliche Analyse der Endlichkeit der Welt und des Menschen sein. Mit »Redlichkeit« ist gemeint, daß in der Erfahrung des Endlichen zwischen der Größe des Seienden und der Aufgabe auf der einen Seite und der Absolutheit Gottes auf der anderen genau unterschieden wird. Das Bewußtsein also, daß eine noch so gewaltige Steigerung der Endlichkeit, ihrer Wirklichkeit, ihrer Werte und Aufgaben nie mehr ergibt als größere Endlichkeit. Der Rausch des Quantitativen muß durchschaut und erkannt werden, wovon die Erfahrung der Leere, der Angst, der Ortlosigkeit, des Überdrusses usw. Symptome sind – nämlich davon, daß der heutige Mensch nur mit Endlichem umgeht. Das bedeutet zugleich den Nachweis, daß das Wert- und Sinnverlangen des Menschen nicht nur graduell Vieles und Großes, sondern Absolutes verlangt. Daß dieses Verlangen aber keine irgendwie geartete Selbstüberschätzung des Menschen noch eingeredete Illusion bedeutet, sondern kategorial genau ist und nur durch Techniken zugedeckt werden kann.
Ferner sind alle die Momente zu sammeln, welche die Endlichkeit als »Werk« und als »Bild« erkennen lassen. Sie mögen im einzelnen

---

[1] Hierüber habe ich in meinem Buch »Religion und Offenbarung« und in dem Essay »Der Glaube in unserer Zeit« etwas zu sagen versucht (beide Werkbund-Verlag, Würzburg 1958).

nicht fähig sein, Überzeugung zu begründen; mir scheint aber, der Gedanke Newmans ist wichtig, wonach das wirklich Tragende der Gotteserkenntnis nicht ein einfacher Syllogismus, sondern ein Bündel von Sinnlinien ist, die in einem Punkte konvergieren, welcher »Punkt« eben Gott ist.

Was aber das gläubige Verständnis der Welt angeht, so wird der Christ die Menschwerdung Gottes nicht nur als Offenbarung der Erlösung, sondern als Schlüssel für das Verständnis des Daseins überhaupt nehmen.

Er wird das All und sein Werden, die menschliche Geschichte und ihren Fortgang als Ausdruck für das verstehen, was wir die Geschichte Gottes in seiner Schöpfung genannt haben. Anders ausgedrückt: Er wird das Sein alles Endlichen als ein Mysterium verstehen, in welchem sich die ebenso unbegreifliche wie beseligende Gesinnung Gottes, das Geheimnis der Liebe ausdrückt – welche Liebe er aber nicht in einem anthropozentrischen, sondern in ihrem eigentlichen, theozentrischen Sinn verstehen muß. Dadurch bekommt alles eine Objektivität und Größe, die stärker zum heutigen Menschen spricht als alle Pragmatismen.

Über die neue, von allem Rationalismus ebenso weit wie von allem Dogmatismus entfernte Objektivität, die sich aus solcher Theozentrik des Denkens – und Fühlens – ergibt, wäre noch genauer zu sprechen.

Dritter Brief

VOM JÜNGSTEN GERICHT

(1. 9. 1963)

Wünschte, es käme einer, der eine Andacht zum Jüngsten Gericht schüfe.. Müßte natürlich ein Heiliger sein.. Schwere Erfahrungen.. Ausdrückliche Sendung..
Den Gedanken des Jüngsten Gerichtes aus dem Charakter herausholen, in dem er steckt.. Die Psychologie des Schreckens vom Mittelalter her.. Die Kümmerlichkeit eines Gerichtsverfahrens..
Ist in Wahrheit der gewaltige Abschluß des Gotteswerkes.

Und außerdem das letzte Werk der Liebe.
Im Jüngsten Gericht kommt der Ernst der christlichen Existenz..
der menschlichen Existenz überhaupt zum Ausdruck.

Die Majestät, die Wohltat, der Ernst und die wirkliche Ordnung..
Personale Ordnung.. damit wirkliche Geschichte.. Nicht Naturprozeß..
Das wirkliche Ende.. gerufen vom wirklichen Anfang.. Dazwischen die wirkliche »Stunde«.
Erschaffung der Welt.. Gericht über die Welt.. Fülle der Zeit und Menschwerdung des Sohnes Gottes.
Im Leben des einzelnen Christen: Geburt – Taufe.. Tod – Eintritt in die Ewigkeit.. Die Situation im Zusammenhang der Offenbarung.

Vom Gericht her der Charakter des Ernstes.. des wirklichen Ernstes, also weder des ökonomischen noch des politischen noch des ästhetisch-tragischen..

Das Gericht bedeutet die Definition des Endlichen, der Zeit auf das Ewige hin . . der Unbestimmtheit alles Endlichen auf das Eindeutig-Unbedingte, das offene Reich Gottes hin.
Das Gericht ist die Schaffung von Gerechtigkeit, die mit der Wahrheit identisch ist.
Gerechtigkeit der Geschichte . . richtiger gesagt: über die Geschichte . . denn diese Geschichte in der Zeit hat keine Gerechtigkeit.
Gerechtigkeit des Einzelnen im vollkommenen Sinn . . Vergleiche die »Tugenden«.

Gericht ist Offenwerden der Geschichte . . Offenbarung, wie Gottes Vorsehung gegangen ist . . Offenbarung, wie die Sinnlinien in der Geschichte gelaufen sind: Ursachen, Wirkungen, Hindernisse, Offenbares und Verborgenes.
Gleichnis: der Teppich und seine beiden Seiten.

Im Gericht befragt Gott den Menschen: Er beurteilt ihn nicht als passives Objekt seiner Allwissenheit . . vielmehr in einem fruchtbaren und herrlichen Einvernehmen.
Er befragt den Menschen und dieser ver-antwortet sich . . Der Mensch wird ganz offen . . Antwortet mit seinem offengewordenen Sein.
Der Mensch ist aus dem reinen Offenbarsein, aus seiner Wahrheit heraus mit dem Urteil einverstanden . . (Muß es sein?)

Aus dem in den vorhergehenden Briefen Gesagten heraus neue Folgerungen: Es ist nicht nur so, daß Gott fragt und der Mensch aus der Unausweichlichkeit seiner Endlichkeit heraus antwortet, sondern: Der Mensch darf selbst fragen . . Ja, Gott fordert ihn auf zu fragen.

Das Warum zu sprechen, das in der Zeit nie eine Antwort bekommt . . Siehe »Tugenden«, das Kapitel Gerechtigkeit. Gott wird antworten . . Hat dem Menschen durch die Erschaffung als Person . . durch Führung der Geschichte und Vorsehung . . durch die Einsetzung in die Sohnesrechte das Recht dazu gegeben.

Das Gericht ist die letzte Besiegelung der Tatsache, daß Gott den Menschen als Person will . .
Ausdruck von Gottes Achtung für den Menschen . . Ausdruck dafür, daß der Mensch nie nur Objekt der Allmacht, der Allwissenheit, der Allgerechtigkeit ist . .
Das Gericht als Vollendung der Liebe.

Vierter Brief

VON DER VERWIRKLICHUNG
DER CHRISTLICHEN VERANTWORTUNG
FÜR DIE WELT

(16. 9. 1963)

Verschiedene Möglichkeiten, das Wesen des Sittlichen und die sittliche Aufgabe zu bestimmen.
Kann ausgehen vom Begriff des Guten, ruhend im Heiligen. Charakter Gottes.. Aufgabe, das Gute in die Welt hineinzuwirken.. Das Reich des Guten aufzubauen.
Kann aber auch ausgehen von dem Ansatz, der in diesen Briefen entwickelt.. der Aufgabe des Menschen in Gottes Weltenwerk.
Vom Satz in Genesis 1, 15: »Gott brachte den Menschen in den Garten Eden, daß er ihn bebaue und bewahre«.
Der Garten Eden, Symbol der Welt, erfahren durch den Menschen im Einvernehmen der Gnade.

Aspekte dessen, was »Welt« ist. Zuerst: die Welt als unmittelbare Schöpfung Gottes.. Welt ersten Grades.
Die Welt erfahren vom Menschen.. Begegnung und Werk.. Welt zweiten Grades.
Die Welt nach dem Verrat des Menschen.. Verdorbene Welt.
Die Welt aus dem neuen Ansatz der Erlösung.. Die Welt in der Verantwortung und der Begegnung des Christen.
Die Welt in der Vollendung.. Der Mensch unter dem neuen Himmel und auf der neuen Erde.. Die himmlische Stadt Jerusalem.. Die endgültige heimgeholte Welt.
Die Frage, inwiefern von »Welt« geredet werden könne, da es sich doch nur um die Erde und den Menschen handelt.. Die Erde Stäub-

chen im Weltall, im Irgendwo..
Der Mensch – ein paar Jahrmillionen.. ein Augenblick in der Weltzeit..
Vielleicht aber zu bedenken, was es bedeutet, daß das All exzentrisch und aperspektivisch ist.
Von dorther Erde doch die Entscheidungsstelle.. Die Menschengeschichte, die Entscheidungszeit, der Kairos..
Was ist die Welt zweiten Grades?
Ist erlebte erste Welt.. In beständiger Begegnung erfahren.. Zum Inhalt menschlicher Existenz gemacht.. Darin wird ein Neues: die eigentliche Welt.
Diese Welt ist erkannt.. Alles das, was Erkenntnis bedeutet.. verstanden.. In ihren Sinngestalten, Sinnlinien, Sinnzusammenhängen, im Geiste durchdrungen und aufgebaut.
Die Welt ist gewürdigt.. Erfahrung ihres Wertes.. ihrer »Herrlichkeit«.. Die Herrlichkeit des Gotteswerkes.. Der Akt der Schätzung.. Darin geschieht dem Werke Gottes Gerechtigkeit.. Im Einvernehmen mit Gott die Würdigung seines Werkes.. Das Lob.
Die Freude an der Welt.. Im Psalm 103 (104): »Es freue sich Gott seiner Werke«.. Der Mensch freut sich mit Gott.. Gottes Freude vollendet in der Freude des Menschen.
Die »bebaute« Welt.. Was das heißt: die Welt bebauen.. Inbegriff des ganzen Menschenwerkes.. Darin, im Werk des Menschen, sollte Gottes Schöpfung sich erfüllen.
Gott zieht den Menschen in sein Vertrauen. Übergibt ihm seine Welt..
Die »bewahrte« Welt. Großes Wort: Der Mensch sollte den Sinn des Gotteswerkes bewahren, hüten, aufrechterhalten.. Aufrecht halten, was die Welt in Wahrheit ist.

Was ist nun das Gute?.. Die sittliche Aufgabe?
Aus der Kraft der Erlösung heraus aufs neue die Welt »bebauen und bewahren«.
Nicht bloß in der Welt »seine Pflicht tun«.. Vielmehr die Welt in die Verantwortung nehmen. Und im Einvernehmen mit dem Erlöser die Welt aufs neue »bebauen und bewahren«.

Fast verzweifelte Aufgabe, nachdem in allem, im Menschen, im Menschenleben und im Menschenwerk die Verstörung sitzt.
Hoffen wider die Hoffnung.
In jedem Augenblick die Welt bebauen und bewahren.
Nicht bloß sich vor »Sünden hüten«..
Nicht bloß Gebote erfüllen..
Alles das richtig, aber nicht lebendig und groß genug gefaßt. Der große Begriff der Situation.
Was Situation ist: das eigentümliche Sichgestalten des strömenden Daseins um den Menschen her.. Der Blick auf Ihn: Nun tue mit Gott zusammen, was jetzt geschehen soll.
Darin die große Aufgabe der Deutung der Stunde.. Die Divination des Augenblicks.. Noch nie gewesen und nie wiederkehrend.
Bedeutet keinen Autonomismus, keine Eigenwilligkeit.. Im Gegenteil: Gehorsam, aber schöpferischer Gehorsam.
Selbstverständlich gehört alles hinein, was Gottes Gebote bedeuten .. Die Weisheit der Tradition.. Die Führung durch die Kirche..
Das alles steht mit in der Situation.. Dennoch: das je Neue, das Einmalige.
In die Hand des Menschen gegeben, daß die eigentliche Welt werde .. die Welt der Ewigkeit.
Die Bilder dieser Welt: Die himmlische Stadt.. die Braut.. das Hochzeitsmahl..
Seit Pfingsten ist der von Christus Gesendete in der Welt: der Heilige Geist.
Dessen Verborgenheit..
Die Situation zu deuten im Einvernehmen mit Gottes Geist. Begriff der Geschichte.
Ethik: machen, daß die Welt richtig werde.

Fünfter Brief

VOM SCHWINDEN
DER RELIGIÖSEN ERFAHRUNG

(18. 12. 1963)

Vor kurzem habe ich etwas erlebt, von dem ich Dir berichten möchte. Angesichts einer an sich ganz nebensächlichen Erfahrung ist mir ein Zusammenhang klar geworden, der mich seit sehr langer Zeit – seit fast vierzig Jahren – beschäftigt hat.
Solche Einsichten sollten eigentlich mit aller Sorgfalt philosophisch-theologischer Methode behandelt werden; vielleicht ist es mir auch noch vergönnt, das unter diesem oder jenem Gesichtspunkt zu tun. Jetzt liegt mir aber daran, das Erlebnis und den gedanklichen Zusammenhang festzuhalten; erlaube mir also, in einem Brief an Dich zu berichten.

Ein dreiwöchiger Aufenthalt in Bayrischzell im November dieses Jahres ging zu Ende, und Freund H. W. hatte mich aufgefordert, mit nach Osterhofen zu fahren, wo sein Wagen überholt werden sollte. Anschließend wollten wir in dem milden Herbstwetter noch einen Gang durch das Tal machen. Als wir zur Garage kamen und er begonnen hatte, mit dem Inhaber zu sprechen, fiel mein Blick auf einen Monteur, der an einem anderen Wagen beschäftigt war. Dieser war durch einen Elevator emporgehoben worden, der Mann arbeitete unter ihm in ruhiger Sicherheit und bequemer Haltung. Das Bild machte auf mich einen starken Eindruck. Ein Gefühl von Freiheit schien von ihm auszugehen. Früher mußte einer für solche Arbeiten unter den Wagen kriechen und mühsam seine Verrichtung tun; jetzt war das schwere Ding auf den Druck eines Knopfes hin

in die Höhe gehoben worden und blieb in der gewünschten Höhe festgehalten, so daß der Mann ruhig arbeiten konnte.
Da habe ich empfunden, welche Freiheit der Mensch durch das gewinnt, was »Technik« heißt. Vorher war er auf Schritt und Tritt durch Notwendigkeiten körperlicher Anstrengung gebunden; nun wurde ihm eine Bindung nach der anderen abgenommen und vorher nicht zu ahnende Energien zur Verfügung gestellt: Das Bild eines Daseins trat mir innerlich vor Augen, in welchem der Mensch nicht mehr »dient«, sondern »befiehlt« und verfügt, denn überall stehen Apparate bereit, denen er mit leichter Gebärde seine Aufträge gibt.
Vorher war er in die Natur eingespannt, nun steht er schon an vielen Stellen über ihr und wird es immer mehr tun. Vorher mußte er mit seinen Kräften mühsam den Weisungen der Natur folgen, immer unter der Gefahr, daß Unvorhergesehenes eintrete; nun ist er bereits in vielem ihr Herr und wird es immer mehr. Dadurch wird die Weise, wie er sein eigenes Sein, seine Stellung in der Welt erfährt und vollzieht, sich aufs tiefste ändern.

Vor allem wird er ein Gefühl nicht abzusehender Macht gewinnen. Er wird sich imstande fühlen, die Natur, der er bis dahin untertan war, zu beherrschen; und das in einer immer genaueren, selbstverständlicheren, leichteren Weise; er wird das immer sicherere Bewußtsein gewinnen, was ihm vorher durch die Natur »gewährt« wurde, sich nun »nehmen«, ja selbst »machen« zu können. Durch die wissenschaftliche Erkenntnis des Naturbestandes und seiner Gesetze wird er das Gefühl gewinnen, die Natur sei nicht geheimnisvoller Urbereich, in dem er sich ehrfurchtsvoll zu bewegen hat, sondern Vorrat an Materialien und Energien, die er immer vollständiger in Verfügung nimmt.
Ebendamit wird sich freilich ein Zweites verbinden. Das Dienstverhältnis, in welchem er zur Natur stand, bedeutete auch, daß er in ihr geborgen war; die Herrin war auch Schützerin. Sein Leben war durch ihre Ordnungen geordnet, durch ihre Schranken in den Maßen des Möglichen gehalten. Das änderte sich; denn was auf der ei-

nen Seite Freiheit war, wurde auf der anderen zur Preisgegebenheit. Einmal deshalb, weil die möglich werdenden Unternehmungen immer größeres Wagnis bedeuteten; dann aber und vor allem, weil dem Menschen existentiell, in seinem Gefühl des Selbstseins, Daseins, Tätigseins jener Halt, jenes Bewußtsein des Geordneten und Gemäßen verloren ging, das sich im Begriff des »Natürlichen« ausdrückt. Sein Dasein wurde weithin beliebig, in einem letzten Sinn maßlos. Indem er immer herrenmäßiger wurde, immer sicherer, den eigenen Willen durchsetzen zu können, trat er, nur auf sich selbst gestützt, in leeren Raum.

Immer mehr wird »Natur« – das Wort im weitesten Sinne für das verstanden, was »von selbst« da ist und sich auf Grund wesenmäßiger Gesetze verhält – zur »Kultur«, zur »Technik«, das heißt zu dem, was der Mensch erdacht und gemacht hat. Immer geht dieser aus einer ihm »gegebenen«, in ursprünglichem Sinn gründenden Welt in eine von ihm bestimmte, künstliche über. Diese Welt ist ihm nicht als Raum seines Wirkens zugewiesen, ebendamit auch zugesichert, sondern er schafft sie selbst und muß sie daher auch aufrecht erhalten, wenn sie nicht zusammenbrechen soll. Das bedeutet eine Anstrengung, von der dahinsteht, ob er ihr auf die Dauer gewachsen sein wird. Vielleicht zeigt die Geschichte der Neuzeit schon ein Symptom solcher Überanstrengung. In ihr hat sich der abendländische Mensch als autonom etabliert, das heißt, den Anspruch erhoben und damit die Aufgabe auf sich genommen, aus eigenem Urteil, in eigener Verantwortung, aus eigener Kraft zu existieren. Das aber, obwohl er weder den ontischen Seinsgrad noch die Dynamis besitzt, die dazu nötig wären: Er hat es unternommen, in absoluter Haltung zu existieren, ohne absolut zu sein. Dadurch ist eine Überanstrengung im Personalen eingetreten, die ihn in den Gegensatz zum eigenen Anspruch getrieben und zur Selbstpreisgabe an den Totalismus gebracht hat. Wie weit diese ontische Logik sich noch auswirken wird, wie weit sie zu einer Verstörung, ja zu einer Erkrankung im Kern führen wird, steht dahin.

Ein Weiteres ist zu bedenken. Zum Beispiel: gewiß hat in jenem Ganzen, das wir »Landwirtschaft« nennen, die maschinelle und chemische Industrie die größten Erleichterungen der Arbeit und Steigerungen des Ertrages bewirkt. Das Geflecht der Lebensvorgänge aber, das sie vorher trug, ihr persönlicher Reichtum, ihre charakterliche Prägung, ihre geschichtsbildende Kraft usw. schrumpfte auf eine immer geringere Zahl technischer, organisatorischer, rechnerischer Akte zusammen. Oder: was einst Handwerk hieß, war mühsam und in der Quantität des Ertrages eingeschränkt. Aber es hatte eine Eigenart, welche durch die arbeitsparende und ertragsteigernde Industrialisierung ebenso verloren ging wie jene Fülle personaler und sozialer Werte, welche sich eben darin realisierte, daß alles »von Hand« gehen mußte.. Noch einmal: wenn etwa unter den früheren Verkehrsbedingungen eine Reise gemacht wurde, dann bestand deren Ergebnis nicht nur darin, daß der, der sie machte, vom Ausgangsort zum Zielort gelangte, sondern auch in allen den Tätigkeiten und Erlebnissen, die diese Reise mit sich brachte. Die Entwicklung der Reisetechnik beseitigt die Hindernisse und Gefahren der Reise, die lange Dauer usw. – verringert aber auch, ja vernichtet schließlich alle jene Kraftentfaltungen, den Reichtum und die Tiefe der Erlebnisse, welche gerade durch die Hindernisse bedingt waren, so daß der Vorgang selbst und in ihm die vollziehende Persönlichkeit verarmt.

Durch das, was Technik heißt, gewinnt der Mensch wohl eine außerordentliche Sicherheit, Leichtigkeit und Vielfältigkeit der Produktion, verliert aber als Persönlichkeit. Was bleibt bzw. entsteht, ist das konstruierende und konsumierende Individuum, dessen lebendiger Bestand immer magerer und einförmiger wird.

Eine weitere Frage ist, wie weit der Mensch der kommenden Zeit imstande sein wird, seine beständig wachsende Machtfülle, immer größer werdende Verfügungsfreiheit, immer radikalere Beliebigkeit seines Daseins richtig zu leben. Geschehnisse wie die Zerstörung des von Flüchtlingen erfüllten Dresden oder der Stadt Hiroshima in einem Augenblick, in welchem keine wirkliche Notwendigkeit strategischer Art mehr vorlag – um nur diese »Einzelheiten« zu nennen, wie ja auch der ganze letzte Krieg den gleichen Charakter ebenso frevelhafter wie sinnloser Willkür trägt –, lassen ahnen, wie im Innersten urteilslos, wie «zufällig» die Entscheidungen des

»herrschenden« Menschen sein können – vielleicht immer mehr werden müssen.
Hier ist mir ein Gedanke entgegengetreten, der mich tief erschreckt hat. Ich sagte, der moderne Mensch bewege sich von der Natur weg, auf »reine« Technik zu; er wandere aus der Welt des Gewachsenen in die technisch gemachte der Apparate, der Künstlichkeiten aus. Ob sich aber nicht etwas Furchtbares vollziehen muß und jene »Natur«, die er in ihrer ersten, von der Schöpfung her »gegebenen« Gestalt verläßt, ihm in einer zweiten, verhängnisvollen Form aus seinem eigenen Werk entgegentreten wird? Ihn aus den Gesetzen, den Zweckfügungen, den Prozessen des Machens und Funktionierens mit einer Heftigkeit, ja Feindseligkeit anspringen wird, für die man den mythischen Ausdruck einer Rache des Unterjochten zu gebrauchen versucht ist? Wir berühren damit einen Zusammenhang, für den wir einstweilen nur Begriffe wie die des »Kulturschadens«, der »Kulturkrankheit«, der technisch bedingten »Vergiftungen« zur Verfügung haben. Daß aber der »Abfall« der technischen Prozesse – siehe die Verschmutzung der Gewässer, die Verunreinigung der Luft, die Verkarstung von Gebirgen und Ebenen, die Gefährdung alles Lebens durch die Restprodukte der Atomtechnik – zu einem immer schwerer lösbaren Problem wird, stellt das Phänomen »Mensch« in immer neue Probleme des Verstehens wie des Vollzugs. Aber es ist noch anderes: daß der »Abfall« der menschlichen Arbeit zu einer immer schwerer zu bewältigenden Gefahr für sein ganzes Dasein wird, bildet nicht nur ein Paradox, sondern es offenbart einen, man muß wohl sagen, apokalyptischen Charakter. Es scheint auf Erschütterungen hinzudeuten, von denen der Mensch so lange als möglich wegzusehen sucht, die aber immer näher kommen und ihn einmal auf Leben und Tod stellen werden.
Das Gesagte wird verstärkt durch das neu in die Geschichte eingetretene Moment der »Masse«. Darunter ist vor allem die wachsende Zahl der Bevölkerung verstanden, dann aber die großen Zahlen überhaupt. Also zum Beispiel die Tatsache, die mit dem Anwachsen des demokratischen Elements immer deutlicher wird, daß nämlich nicht nur bestimmte Schichten, sondern alle Anspruch auf einen beständig steigenden Lebensstandard erheben, alle wirtschaftlich-so-

zialen Vorgänge in immer größerer Zahl vor sich gehen: Konsum aller Art, Verkehrsmöglichkeiten, Nachrichtenwesen, politische Aktivität immer stärkeren Umfang annehmen; Bildung im weitesten Sinn in immer breiterem Maße gefordert wird usw. Alles das steigert die Dringlichkeit von Wissenschaft und Technik.

Wie überhaupt bei genauerer Betrachtung bald deutlich wird, daß die drei Momente: Wissenschaft, Technik und Masse zusammengehören, einander wechselseitig voraussetzen und bedingen. Fast möchte man sagen, sie seien verschiedene Seiten eines gleichen Grundphänomens, nämlich einer Weise, wie Menschentum sich verwirklicht. Je zahlreicher die wissenschaftlichen, sozialen, kulturellen Vorgänge werden, desto deutlicher werden ihre rationalen Strukturen, desto dringlicher die Notwendigkeit, aber evidenter zugleich die Möglichkeit, sie methodisch zu durchleuchten, das heißt, wissenschaftlich zu bewältigen. Ohne weiteres ist auch klar, daß die wachsende Anzahl der Vorgänge eine maschinelle, das heißt technische Bewältigung fordert, welche technische Bewältigung ihrerseits wieder wissenschaftliche Begründung verlangt und ermöglicht und so fort.

Alles Gesagte führt auf ein Grundbild der Existenz zu, das etwa so gezeichnet werden muß: Die Mannigfaltigkeit der Produkte steigt, die Sicherheit der Akte nimmt zu, alles wird »immer besser«, zweckmäßiger, vielfältiger. Zugleich wird es aber immer einförmiger und eintöniger, weil die wissenschaftlich-technische, maschinell-organisatorische Produktion und Verteilung allem einen gleichen, eben den »technischen« Charakter gibt. Dadurch entsteht im Ganzen ein Lebensvorgang, in welchem auf der einen Seite die »Quantitäten« beständig wachsen, die geistig-personalen Qualitäten aber sinken.

Von hier aus drängt sich eine Prognose auf, nach welcher der Zielzustand unserer Geschichte der eines maximalen Lebensanspruchs wie einer optimalen Befriedigung des Anspruchs, zugleich aber einer absoluten Monotonie, einer innersten Langeweile sein wird; eines Überdrusses, der sich jeweils in Ausbrüchen einer wilden Ungeduld, einer rasenden Empörung gegen alles Luft machen wird, um dann wieder in die alte Sinnlosigkeit zurückzufallen.

Das alles ist schon oft gesagt worden – fragt sich nur, ob das Drohende gemeistert werden könne. Und wenn ja, dann wie? Oder muß es als die Weise angesehen werden, wie unsere Geschichte ihr Ende finden wird? Denn ein Ende wird sie haben; und daß dieses nicht optimistisch gedacht werden kann, sagt uns, jenseits aller Kulturwissenschaft, das Wort Christi.

Zu alledem kommt ein psychologisch- bzw. geistig-religiöses Moment.
Sehr früh hat mich die Religionspsychologie und -philosophie von Rudolf Otto auf der einen Seite, die Theologie von Kierkegaard auf der anderen auf den wesentlichen Unterschied aufmerksam gemacht, der zwischen religiöser Erfahrung und Glaube, zwischen dem numinosen Charakter der Welt- und Lebenswirklichkeit und der Offenbarung besteht. Mir wurde deutlich, daß die Erfahrungen, Akte, Einsichten, Gestaltungen usw., welche die erste Gruppe bilden, zur Natur des Menschen gehören, während die zweite Gruppe auf freier Gnade ruht. Die zur ersten Gruppe gehörenden Momente werden um so stärker, je weiter man geschichtlich zurückgeht; sie nehmen in dem Maße ab, als die wissenschaftliche, technische, lebenorganisierende Entwicklung voranschreitet. »Das Religiöse« ist ein psychologisch-kulturelles Moment, das sich – als solches – auch mit der Geschichte verändert, und zwar so, daß es, wenn ich recht sehe, beständig abnimmt. Die Entwicklung von Ratio und technischer Energie schwächt es offenbar – eine Tatsache, die bei mangelnder Unterscheidungsfähigkeit und -bereitschaft zu dem Axiom führt, der rationale und technisch entwickelte Mensch werde mit Notwendigkeit »ungläubig«.
Der Zusammenhang fordert eine genauere Prüfung.

Zunächst die Frage, in welcher Beziehung der Grad der »religiösen« Lebendigkeit zum rational-technischen Niveau stehe.
Je entschiedener die rationale Durchdringung der Existenz vor sich geht, je mehr diese Rationalität zum Element der allgemeinen Volksbildung wird, desto stärker muß sich das Gefühl einstellen,

das Dasein habe kein »Geheimnis«, sondern nur »Probleme«, die wissenschaftlich gelöst werden könnten. Gleiche Wirkung übt die Technik. Sie ist die Summe der Methoden, mit denen der Mensch seine Zwecke durchsetzen, das von ihm Benötigte herstellen, die eigene Welt »machen« kann. Je stärker und selbstverständlicher das Bewußtsein wird, das, was zur Sicherung wie zur Entwicklung der eigenen Existenz gehört, mit rational-technischen Mitteln beliebig herstellen zu können, desto mehr schmelzen im Lebensgefühl Dinge und Vorgänge auf das logisch-technische Element zusammen. Die Dimension des Nicht-Rationalen, Gewährten, Gnadenhaften geht verloren.

Das Gleiche geschieht durch das Moment der Masse. Die Vielheit der Reize verringert nicht nur die Intensität der seelischen Vorgänge, sondern zerstört das Element des Wunderbaren, Geheimnisvollen, dessen Erfahrung mit den Bedingungen der Ruhe, der Sammlung, der Seltenheit verbunden ist. Nur auf dem Gebiet des Mechanischen vergrößert jede Steigerung der Einwirkung proportional den Effekt; beim Lebendigen, Seelischen, Geistigen ist das nicht so. Bis zu einer gewissen Grenze erhöht, vertieft, differenziert die Steigerung des Reizes den Eindruck, weckt tiefere Ergriffenheit, stärkeres Staunen, mächtigere Erschütterung; von dieser Grenze ab tritt Gewöhnung ein. Der Eindruck stumpft sich ab; der seelisch-geistige Ertrag wird geringer. Vor allem verschwindet der Faktor des Geheimnishaften, der für die frühe Welterfahrung mit allem verbunden war. Eine Dimension des Daseins geht verloren.

Nach der gleichen Richtung wirkt das, was man heute mit einem oft kindischen Stolz die »Zerstörung der Tabus« nennt. Wenn gezeigt wird, daß bei dem betreffenden Phänomen »nichts dahinter«, kein Geheimnis, keine Notwendigkeit besonderer Ehrfurcht, vielmehr alles logisch verstehbar, zur Selbstverständlichkeit des Daseins gehörig, »natürlich« sei, dann wird dadurch sicher manche Erschwerung des Lebens aufgehoben; im Endeffekt geht aber ein ursprünglich vorhandenes, existentiell wichtiges Moment verloren, und das Dasein wird um einen Grad banaler.

Das Gleiche ist vom Gefühl für die Einzigartigkeit der Person zu sagen. Dies erkannt zu haben, war eine der bedeutsamsten Errungen-

schaften der frühen Neuzeit: Jede Person hat ihren eigenen Charakter, ihre Würde und ist unersetzbar. Im Maße sich aber durch Volksvermehrung das Phänomen der Person multiplizierte und durch den damit gegebenen Demokratismus sich zur Geltung brachte, verlor es dieses Gewicht: je mehr Menschen, desto weniger kommt es auf eine Handvoll von ihnen an.
Alle diese Momente haben die religiöse Erfahrung geschwächt. Im Maße das geschah, wurde die Welt profaner. Bei aller Größe der wissenschaftlichen Erkenntnis und der technischen Leistung wurde das Dasein in einer wesentlichen Beziehung flacher.

Wenn das richtig ist, dann entsteht die Frage, auf welchen psychologischen Grundlagen das ruht, was Erkenntnis der Offenbarung und Glaube an sie heißt. Eine genauere Prüfung führt zu der Vermutung, daß vieles von dem, was in einem summarischen Sinne »Religion« hieß, ja der Glaubensakt selbst zu einem guten Teil aus »religiösen« Elementen bestand.
Damit erwacht das Problem, ob denn Offenbarung und Glaube selbst mit jenem Abnehmen der religiösen Erfahrungen und Lebensakte abnehmen müssen. Ob daher die These, der Glaube habe darauf beruht, daß der Mensch rational und technisch noch nicht mündig gewesen sei, nicht zutreffe.
Die Frage ist sehr ernst zu nehmen. Die Bereitschaft zum Glauben war in einem Zustand, in welchem der Mensch unter dem Eindruck und den Einwirkungen einer noch nicht oder nicht zuverlässig verstandenen und beherrschten Natur lebte, zweifellos größer als später. Er empfand das nicht Verstandene als geheimnisvoll, als »numinos« und war bereit, hinter allem höchste Mächte anzunehmen, mit denen er in Beziehung zu treten strebte, die er verehrte, anrief, ehrfürchtig im Sinn trug. Im Maße der Zustand aufhörte, wurden, religiös gesprochen, die Realitäten und Beziehungen, die vorher für das Gefühl mit numinoser Valenz gesättigt waren, durchschaubar, erregten Gefühle der Sicherheit, der Bemeisterung.
Hinzu kam die entleerende Wirkung der beständig steigenden Reize und Lebensansprüche. Unter ihrem Andrang gerieten die religiösen Momente in einen Charakter der »Kindlichkeit«. Sie zu erleben

und zu vollziehen, wurde schwierig; die religiösen Akte wurden mühsam und leer. Alles das vollzog sich, was Nietzsche mit dem Satz »Gott ist tot« ausdrückte. Der Satz nimmt seitdem an Bedeutung zu. Er könnte besagen, das numinose Element in der Welterfahrung verfliege immer mehr, das durch es Gemeinte werde immer wesenloser. Die Welt, die vorher mit Geheimnis gesättigt war, wird immer hüllenloser. Der Mensch bekommt immer stärker das Gefühl, mit ihr schalten, sie nach Belieben verwenden, ja das, was vorher »Natur« war, nun selbst leisten, machen zu können.
Aus alledem erhebt sich die Frage: Fällt mit diesem religiösen Element der Welt auch die Offenbarung dahin? Wird mit dem religiösen Erfahren auch das Glauben sinnlos?
Ich habe den Eindruck, die Pädagogik des gläubigen Lebens, die religiöse Erziehung und Praxis, die »Theologie« im weitesten Sinne sehen dieses Problem entweder überhaupt nicht oder erkennen es nicht in seiner Bedeutung. Die größte Gefahr, die zerstörendste Gegenmacht wider den Glauben scheint mir aber nicht in angebbaren Schwierigkeiten, Einwänden usw., sondern in der seelischen Entleerung zu liegen, die dadurch vor sich geht, daß das unmittelbar Religiöse immer schwächer wird. Dadurch wird der Glaube, werden die religiösen Akte, werden Gottesdienste, Sakramente usw. mühsam. Der Eindruck entsteht, sie seien im Grunde überflüssig; es gehe auch ohne sie. Das Leben werde erwachsener, ehrlicher, ernster, wenn sie weggetan würden. Der durch die ganze Welt gehende Atheismus scheint seinem realen Grund nach hierin zu bestehen – dann freilich ausgenutzt, politisch verwertet durch die totalistischen Systeme.

Was bedeutet das alles für die christliche Erkenntnis und das christliche Leben, für Unterweisung und Erziehung?
Es kann sich nicht darum handeln, es zu ignorieren oder aber die verfliegende religiöse Erfahrung künstlich durch suggestive bzw. pädagogische Methoden zu verlebendigen. Die Frage muß vielmehr klar gestellt werden: Wie sieht echter Glaube an die Offenbarung in einem Menschen bzw. einer Epoche aus, in welcher jene Verflüchtigung des »Religiösen« beherrschend geworden ist? Gehört er

selbst zu einer bestimmten Periode der geschichtlichen Entwicklung oder ist er für jede möglich, ja verpflichtend? Wenn ja: müssen wir dann annehmen, es gebe eine geschichtlich bedingte Situation des, psychologisch gesprochen, »nackten« Glaubens, des Glaubens ohne religiöse Erfahrung – so wie, zum Beispiel, die Lebensgeschichte großer christlicher Persönlichkeiten, aber auch Erfahrungen es nahezulegen scheinen, die jeder Glaubende in bestimmten Stunden des Lebens, vor allem aber im Alter macht, wonach der Glaubensakt nur als »Leistung«, als Treue, als durch keine Gefühlsmomente gestützter Realismus vollzogen wird?
Worin besteht das, was in solchen Augenblicken nicht bloß möglich, sondern zur Pflicht wird?
Dieses Etwas scheint nicht jenes zu sein, was die frühere rationale Apologetik den »Beweis« für das Dasein Gottes, für die Unzerstörbarkeit der Seele, die Wahrheit der Offenbarung usw. nannte. Wenigstens bedürfen diese Gedankengänge einer im strengsten Sinne realistischen Prüfung. Ethisch gesprochen, müssen sie mit einer Wahrhaftigkeit und Gewissensstrenge gehandhabt werden, die alles wegschafft, was Suggestion, »religiöses« Erlebnis heißt.

Sechster Brief

TEILHARD DE CHARDIN ALS SYMPTOM
(20. 6. 1964)

Dieser Tage habe ich eine Einsicht gehabt, sie knüpfte an den Namen Teilhard de Chardin an.
Bisher habe ich ihm in großem Mißtrauen gegenübergestanden – vor allem deswegen, weil er so sehr Mode geworden ist. Solches Modewerden habe ich immer als einen Einwand gegen den Wert eines Gedankens oder einer Gestalt empfunden. Nun ist mir der Name aber bedeutungsvoll geworden.
In dem Buch von Helmut de Terra: »Mein Weg mit Teilhard de Chardin« (1962) wird von Teilhard gesagt, daß er durch Bergson beeinflußt worden ist. Da wurde mir klar, warum er mit einer so starken Bereitschaft, ja Begeisterung aufgenommen wird, und ich will versuchen, das deutlicher herauszuarbeiten.
Der katholische Christ hat – wenn man das so mit einer großen Vereinfachung sagen kann – die Welt als mehr oder weniger fest definierten Raum angesehen, in welchem sich das Schicksal des Menschen – Schöpfung, Erschaffung, Sünde, Erlösung, Erneuerung und Gericht – abspielt.
Diese Welt war wichtig als Werk Gottes, als Raum der christlichen Existenz und ihres Dramas; sie hatte aber im Ganzen den Charakter des Schauplatzes für das Eigentlich-Wichtige – und, nicht zu vergessen, der immerfort drohenden Gefahr für dieses Wichtige. Sie selbst und als solche hatte keine christliche Relevanz. Sie gehörte nicht selbst in den eigentlichen Vorgang hinein.
Auch hatte die ganze Vorstellung von dem, was Christsein heißt, in seiner Beziehung zur Welt etwas eigentümlich Eingeschränktes, fast Kümmerliches. Die Art, wie der Glaubende gläubig war und

gläubig lebte, und die Art, wie der moderne Mensch die Welt erlebt, meistert, gestaltet, fielen auseinander. Im modernen Lebensgefühl ist alles in Bewegung und zwar in einer Bewegung, die schöpferisch ist; aus der immerfort Neues und, wie der Fortschrittsglaube überzeugt ist, Höheres hervorgeht. Diese Bewegung vollzieht sich von einer ungeheuren Vergangenheit her und geht auf eine ebenso ungeheuer ferne Zukunft zu. Ungeheuer ist der Raum, in dem das geschieht. Was da in Bewegung ist, sind gewaltige Massen, Energien. Der Begriff des Kosmischen steigt in immer mächtigere Größe auf und es fällt als Gegenwert in immer winzigere Kleinheit.

Alles das ist nicht nur »Ort«, in welchem der Mensch lebt, sondern der Mensch ist existentiell daran beteiligt, daß das alles immerfort wird. Auch er selbst »wird« – und wie das Weltwerden vor sich geht, ist für ihn eine Existenzfrage, eine Sache des Schicksals.

Die beiden »Bereiche«, wenn man so sagen darf: Werden der Welt und Entscheidung des Heils, Werden des Christen, greifen für den heutigen katholischen Christen nicht ineinander. Hier liegt das, was mir nahekam: so handelt es sich darum, die christliche Botschaft in ihrem Weltbezug zu verstehen. Dafür ist die Arbeit von Teilhard ein erster, vielleicht Epoche bestimmender Ausdruck.

Die Welt und ihr Werden ist wichtig; wichtig für Gott und wichtig für den Menschen als Christen. Die Botschaft des Evangeliums darf in keiner Weise mehr pietistisch-beschränkt, weltabgewandt verstanden werden. Wie das Weltwerden sich vollzieht und ob es die Möglichkeiten verwirklicht, die in ihm liegen, ist selbst in einem noch zu bestimmenden Sinne Sache des Heils. Und es müßte gerade Aufgabe des theologischen Denkens sein, das zu sehen und zu entwickeln.

Teilhard verwendet dafür den von der griechischen Theologie herausgearbeiteten Begriff des »Logos«. Logos bedeutet einmal den ewigen Sohn des Vaters, in welchem die göttliche Urgestalt, die Form des göttlichen Lebens sich verwirklicht. Bezeichnet aber zugleich die Weise, wie diese Urgestalt vom Schöpfer für die Welt zugrunde gelegt wird.

Im Neuen Testament findet der Gedanke immer nur kurzen, aber sehr bedeutungsvollen Ausdruck. Einmal wird allgemein gesagt, daß der Logos die Welt erschafft.
Es wird ferner gesagt, daß der Logos, Mensch geworden, die verfallene Welt erlöst.
Weiter gesagt, daß die Gestalt des verklärten Gottmenschen als inneres Formprinzip, als wirkende Energie den »neuen Menschen« bildet; ja, daß diese Bestimmung als Kirche über den Einzelnen hinausgreift in das Menschengesamt, sogar noch über das Menschliche hinaus in den Kosmos und den »neuen Himmel und die neue Erde« hervorbringt und im Symbol des himmlischen Jerusalem das Gesamt der Schöpfung zu Gott hinaufhebt.

Dagegen erhebt sich ein Einwand: Ist es richtig, jene göttliche Aktivität, deren Ausdruck der Mensch gewordene Sohn Gottes ist und die in der Kategorie der Gnade – oft mißverständlich der des Übernatürlichen – steht, auch auf das natürliche, auf das unmittelbare kosmische Werden anzuwenden? Das tut offenbar Teilhard und das bildet den, soweit ich sehe, stärksten Einwand gegen ihn.
Wir dürfen aber nicht vergessen, daß die großen Entwürfe des Epheser- und Kolosserbriefes sowohl wie das Bild des »neuen Jerusalem« Offenbarung sind. Dürfen weiter nicht vergessen, daß der Begriff eines vom Natürlichen ablösbaren Übernatürlichen neueren Datums ist, aus dem Bedürfnis der Theologie nach Unterscheidung stammt.
Noch Augustinus scheint diese Unterscheidung nicht zu vollziehen, sondern aus dem ruhigen Besitz des glaubenden Menschen, der zugleich der geschaffene natürliche ist, heraus zu sprechen. Die naturwissenschaftliche Seite des Phänomens fehlt bei Augustinus, bei ihm gibt es aber die historische Seite. Die Geschichte der »Civitas Dei« ist für ihn die Geschichte einfachhin.
Jetzt scheint der Begriff der »neuen Welt« in ähnlicher Weise mit dem der Welt überhaupt zusammengefaßt zu werden. So zwar, daß es überhaupt nur jene Welt gibt, die auf das himmlische Jerusalem zugeht.

Natürlich ist die Gefahr groß, daß dieser Vorgang zu einer pantheistischen Vermengung führt und die Kategorien des Evangeliums naturalisiert, säkularisiert werden.
Dennoch bleibt die Aufgabe bestehen. Sie ist der kommenden Theologie sowohl wie dem werdenden christlichen Bewußtsein gestellt.

Siebenter Brief

VOM WIDERSTAND GEGEN NORM UND BINDUNG

(21. 6. 1964)

In dem Chaos der Stimmen, die ein neues Weltbild, eine neue Moral, eine neue Kunst, eine neue Soziologie usw. ankündigen, scheint folgende Idee eine gewisse Ordnung zu schaffen: Man will jedes »Tabu« wegschaffen, jede Autorität, jede Transzendenz; alles das, was Askese heißt, Opfer usw. Alle Maßstäbe sollen aus der Welt selbst, aus dem Leben selbst geholt werden.
Der einzige Gedanke, der verpflichtet, lautet: Das ganze in dieser Welt sich vollziehende Leben und es allein.

Wie war denn das Feld geartet, auf dem früher das Leben sich vollzog? Wodurch waren die Werte geordnet?
Dadurch, daß es – von allen Unterschieden im einzelnen abgesehen – ein Absolutes gab, eine absolute Realität, einen absoluten Wert, ein absolutes Woher und Wohin.
In der Offenbarung hat es sich als Gottes Wille, Gottes Heiligkeit kundgetan, und das ruhte in sich. Die Welt stand in Abhängigkeit zu ihm. Die Werte, die Maßstäbe ruhten letztlich auf der Bejahung dieses Absoluten, das heißt auf dem Guten. Der Widerspruch zu ihm war das Böse, die Leugnung der höchsten Wahrheit, der Kampf gegen sie. Gefordert war die Entscheidung; nicht zwischen Gott und der Welt, sondern zwischen der Bejahung, dem Dienst Gottes in der Welt und der Auflehnung gegen Ihn.

Die jetzt überall, in der Kunst, in der Literatur, in der individuellen wie politischen Ethik durchdringende Haltung besagt: Es gibt

nur »die Welt«, nur »das Leben«. In dem, was Leben und Welt heißt, trifft man zuvor die Unterscheidung von Gut und Böse, von Sein und Nichts, von Heilig und Unheilig. Beides gehört aber zum Leben, zur Welt.
Das einzige wirkliche Unrecht besteht darin, in dieses Dasein Trennungen, scheidende Entscheidungen hineinzutragen. Der Kampf gegen das »Tabu« mag im einzelnen einfach die Befreiung von Überaltertem, Einengendem bedeuten; seinem letzten Sinn nach ist es der Kampf gegen alles, was Entscheidung fordert, Abstand, wirkliche, bis auf den Grund gehende Ehrfurcht, Gehorsam gegen Unbedingtes usw.
Wir sehen, wie eine schon sehr früh – wann zuerst? – sich ankündigende Haltung sagt: Es gibt nur »die Welt«, nur »das Leben«. Diese aber sollen ganz gewollt werden. Zu ihrer Ganzheit gehört auch das Böse, die Revolte, das Zerstörende, der Tod, das Nichts. Sittlichkeit heißt, alles wollen, zu allem bereit sein, auf daß das Ganze triumphiere.

Wenn wir genau zusehen, liegt dieser These gedanklich und haltungsmäßig die Vermengung von »Gegensatz« und »Widerspruch« zu Grund.
Gegensatz ist das Verhältnis, in welchem die verschiedenen Elemente des Konkreten zueinander stehen. Sie spannen sich gegeneinander und setzen zugleich einander voraus. Es ist der komplementäre Gegensatz, die Polarität.
Widerspruch ist die Entscheidung zwischen dem, was sich gegenseitig ausschließt: Gut und Böse, Ja und Nein, Sein und Nicht-Sein usw. Die oben geschilderte Haltung leugnet den Widerspruch bzw. erklärt ihn zum schöpferischen Gegensatz, zur konstitutiven Polarität.
Diese Haltung zeigt sich schon in alledem, was Gnosis heißt, in der Alchemie, Theosophie.
Programmatisch tritt sie hervor bei Goethe; für ihn gehört das Satanische in Gott selbst hinein; das Böse ist eine Grundkraft der Welt, ebenso notwendig wie das Gute; der Tod nur ein anderes Element jenes Ganzen, dessen polare Gegenseite Leben heißt.

Diese Gesinnung wird in aller Form durch C. G. Jung verkündet und therapeutisch aktiviert.

Es scheint sich in der modernsten Literatur auszusprechen, in welcher alles gesagt werden kann, ja gesagt werden soll, weil alles, was auch immer es sei, zum Dasein gehört – vorausgesetzt, daß es ganz bejaht, in reiner Form gestaltet wird. Das einzige Unrecht besteht im Ausklammern irgend eines Elements jenes Ganzen, das Leben, das Welt heißt.

Es wird sich zeigen, daß die genaue Erkenntnis, die scharfe Herausarbeitung dessen, was »Widerspruch« und was »Gegensatz« heißt, die Grundvoraussetzung bildet, um Ordnung zu schaffen.

Achter Brief

ÜBER EINEN VERSUCH, UNSERE GEGENWART ZU BEGREIFEN

(18.9.1964)

Ich hoffe, Du bist damit einverstanden, daß ich diesen Brief an Dich benutze, um einen Gedanken – besser sage ich wohl, eine Vermutung – ins Klare zu bringen, deren chaotischer Zustand es mir unmöglich machen würde, sie in einer systematischen oder sonst geordneten Form anzugehen.
Wenn man so lange wie ich in einer theoretischen wie pädagogischen Form tätig war, haben sich natürlich bestimmte Vorstellungen des Richtigen und Würdigen, bestimmte Bilder vom rechten Menschen, von rechter Kultur usw. herausgeformt. Diese fühlen sich in der Gegenwart weithin desavouiert, bringen die Empfindung, in der Gegenwart fremd zu sein, sie nicht mehr zu verstehen, ihr nichts Brauchbares sagen zu können. Sie machen einen auch geneigt, vieles an dieser Gegenwart einfach als Zerfall anzusehen; welches Urteil aber zugleich durch das Gefühl beunruhigt wird, es sei zu wohlfeil und schätze die positiven schöpferischen Kräfte der Geschichte doch zu gering ein.
So versuche ich, den Ansatzpunkt für ein positives Verständnis der Gegenwart zu finden. Vielleicht liegt er in einem Komplex von Gedanken, die mir bei der Lektüre des Buches von Günther Blöcker über Kleist gekommen sind[1].
Worin liegt das wesentliche sowohl zu einem Verständnis wie zum Ansatz einer praktischen Arbeit führende Moment der Gegenwart?

---

[1] G. Blöcker, Heinrich von Kleist oder das absolute Ich, Berlin 1960.

Wie sieht der Mensch aus, der die heutige Stunde trägt? Man könnte sagen, es sei der Realist, der sich erkennend in der Naturwissenschaft und handelnd in der Technik ausdrückt.
Das wäre zweifellos richtig. Die führende Schicht der heutigen Menschheit drängt mit Selbstverständlichkeit und mit einer gar nicht weiter diskutierten Entschiedenheit zur wissenschaftlichen Erforschung der Natur. Wissenschaft ist weithin Naturwissenschaft. Die Geisteswissenschaften sind in einer fast beschämenden Weise in den Hintergrund gedrängt, so sehr, daß sie manchmal den Charakter der Ernsthaftigkeit zu verlieren scheinen.
Ebenso selbstverständlich ist der Wille zu alledem, was Technik heißt, das heißt, der Aufbau einer ganzen Welt von Apparaturen, mit denen der Mensch sich die Möglichkeit schafft, die Welt, die Natur in seine Gewalt zu bringen. Die Natur wird nicht mehr als das Geheimnisvolle, irgendwie von numinoser Tiefe erfüllte Ganze angesehen, als das sie noch bis vor kurzem angesehen wurde. Der Mensch hat die Scheu vor ihr, ja man darf wohl sagen, den Respekt vor ihr verloren. Er sieht sie als Objekt exakter Erforschung an, in keiner Weise daran zweifelnd, daß es ihm gelingen wird, mit dieser Forschung bis auf ihren Grund zu dringen – und ebenso als Objekt der Beherrschung, als Reservoir von Energien und Materialien. Daraus kommt eine Haltung, die auf höheren Lagen als titanisch, auf mittleren und tieferen als einfachhin utilitaristisch und ausnützerisch bezeichnet werden kann.
Von hier aus könnte man versucht sein, als Typus des heutigen Menschen den naturwissenschaftlich gebildeten und technisch sachlichen anzusehen; den respektlos, rücksichtslos, kühn, in Sachlichkeit und Fortschrittsgewißheit Vorangehenden.

Das ist aber doch wohl nur die eine Seite. Auf der anderen Seite tritt dem durch das szientistische und technische Element befriedigten Frager eine Reihe anderer Momente entgegen, die man augenblicklich wohl kaum anders als chaotisch, ja ausweglos bezeichnen muß. Ohne bestimmte Ordnung reihe ich aneinander, was mir hier aufgefallen ist.
Da ist einmal die weit über den offiziellen Atheismus hinaus-

reichende Ablehnung eines höchsten, Ordnung begründenden Wesens; entweder die direkte Leugnung Gottes oder doch das Absehen von Ihm, das Schweigen über Ihn; der Versuch, ohne Bezugnahme auf Ihn mit dem Leben fertig zu werden. Als Folge davon bleiben sehr wesentliche existentielle Fragen unbeantwortet und es entsteht eine Leere, die in alles hineinwirkt.

Weiter: ein Ausschwärmen des Menschen über den ganzen Erdball und über ihn hinaus. Ein Versuch, ihn in den Blick und ins Gefühl zu bekommen, der überall zu primitiven Urteilen, zu Erscheinungen der Verantwortungslosigkeit, zur Zerstörung althergebrachter Ordnungen, zu einem sittlichen Libertinismus führt.

Hinzu tritt eine Neigung zur Selbstentblößung, ein Nudismus in der Kleidung, im Badewesen, in der Reklame, in der Unterhaltungsindustrie usw. Diese Tendenz geht ins Allgemeine und entbehrt weithin der Formungen, die von einem Gefühl für gute Sitten, guten Geschmack, Rücksicht auf den anderen usw. geschaffen werden müßten.

Charakteristisch ist, wie häufig dort, wo der Mensch von sich selber spricht, also in der Reklame, in der Politik, der Massenpresse usw., Gestalten auftreten, die das Menschliche auf tierische oder mechanische oder groteske Figuren bringen. Die Micky-Maus war dafür das Signal. Heute wimmelt die Öffentlichkeit von Figuren, welche die menschliche Gestalt so weit als möglich entstellen; ja daß sie überhaupt verloren geht (große Köpfe, Bäuche, winzige Füße und Hände, der Kopf nur als Nase oder als Mund gezeichnet usw.). Zeichen dafür, daß der Mensch nicht mehr weiß, woran er mit sich ist; für sich selbst keine Achtung mehr empfindet; sich vielleicht sogar vor sich selbst fürchtet.

Das Prinzip des Pluralismus – wonach es keine gültige, für alle verpflichtende Wahrheit gibt, jeder denkt, was ihm richtig erscheint, er dafür das Recht des freien Wortes und der freien Bewegung verlangt, ja gar keine feste Ansicht hat und auch dafür freie Bewegung verlangt usw. – dringt so weit vor, daß es überhaupt keine allgemein anerkannten Werte, Maßstäbe usw. gibt, sondern das Chaos herrscht.

Eine Autorität in irgendwelchem Sinne, die den jungen Menschen

oder der Masse Mensch entgegenträte, scheint es nicht zu geben. Die Folge ist die Neigung, jedem Anspruch auf Autorität entgegenzutreten; Auflehnung um der Auflehnung willen; eine wilde Begeisterung für wertlose, ja sinnlose Figuren; Tanzformen, die einfach ein Loslassen des Körpers, einen Protest gegen jede echte und erkennbare Form bedeuten. Diese Haltung neigt dazu, in einen Zerstörungsrausch auszuarten, ja sogar kriminell zu werden.
So wäre noch vieles andere zu nennen.

Eine Tendenz zeigt sich, bestehende Bilder vom rechten Menschen zu zerstören, Begriffe und Wertordnungen, welche die Vorbehaltenheit des Menschen schützen sollen, aufzuheben. Sie werden mit dem entwertenden Begriff des »Tabu« bezeichnet und es erscheint als einfachhin richtig, schöpferisch, diese Tabus zu zerstören. Als solche Tabus gelten Forderungen der Rücksicht, der Scham, der Ehrfurcht, der Vorbehaltenheit usw. Alles bisher mit Ehrfurcht Umgebene wird preisgegeben. Eine Technik der Veröffentlichung bricht alle Schranken nieder. Sensation einfachhin, das heißt die Preisgabe dessen, was personale Sphäre, Ordnungen der Ehrfurcht, der Scham usw. bedeuten. Und zwar geschieht das offenbar mit Billigung aller der Instanzen, welche die Öffentlichkeit tragen. Zum mindesten erscheint jeder Versuch, hier zu bremsen, als rückständig, als muckerisch, als verlogen.

Man wird darauf aufmerksam, daß am Anfang dieser Zustände wohl das Phänomen der Tiefenpsychologie steht: Freud, Jung, Adler usw. haben mit wissenschaftlicher Rücksichtslosigkeit und Sachlichkeit unter dem zu Tage stehenden Bereich des Menschen einen verborgenen Bereich entdeckt, der den vorher allein sichtbaren Bereich überall ins Unrecht setzt, ihn zweifelhaft macht, den Menschen und sein Verhalten »zweideutig« erscheinen läßt.

Diese zunächst als Wissenschaft erscheinende Forschungs- und Gedankenwelt durchdringt die verschiedensten Gattungen von Praxis, das ganze Denken des Menschen über sich selbst, die Pädagogik, die Medizin, ja das soziale, das Wirtschafts- und Rechtsleben.

Wenn ich alles das betrachte, so scheint mir das für die Gegenwart Charakteristische darin zu bestehen, daß der Mensch nicht nur nicht mehr weiß, woran er mit sich ist, sondern daß er entschlossen ist, ohne jede Rücksicht sich selbst in Frage zu stellen, sich selbst bis auf den Grund in den Blick zu bekommen und alles in ihm anzuerkennen, wie immer es geartet sein und welchen überkommenen Ordnungen es auch widersprechen möge.

Die ethisch-kulturelle Aufgabe scheint nun darin zu liegen, daß der Mensch die eigene Wahrheit, das heißt, das eigene wirkliche Sein bis in den Grund hinein sieht; daß er jede Idealisierung sowohl wie jede Verhüllung, jedes Ausweichen und Absehen überwindet.
Damit ist eine grundsätzliche Absage gegen alle Ideologien, alle aus der Vergangenheit her geprägten Vollkommenheitsbilder usw. gegeben.

Der heutige Mensch scheint überzeugt zu sein, daß er es mit sich selbst wagen muß, wie immer die eigene Wirklichkeit sein mag. Grundsatz der ethischen Selbstbildung und pädagogischen Erziehung scheint die unbedingte Wahrhaftigkeit zu sein, die Bejahung dessen, was ist, die Annahme des Menschen durch ihn selbst und durch den Erzieher.
Mit dieser Situation scheint aufs engste das demokratische Element zusammenzuhängen. Es scheint, daß eine wirkliche Demokratie erst von hierher möglich wird. Daß sie nicht von einem abstrakten Begriff der Gleichheit aller Menschen formuliert werden kann, sondern durch eine bis auf den – wenn auch noch so beschämenden – Grund gehende Erkenntnis dessen, was der Mensch ist.. welcher Grund offenbar für alle Menschen gleich ist, ein im Grunde gleiches Schicksal für alle bedingt usw.
Demokratie hieße von hier aus das Nebeneinanderstehen in der Grundwahrheit des Menschen.. ein Sich-zum-Anderen-Stellen in der von hierher gegebenen Gefährdung; ethisch-soziale Aufgabe usw. In welcher Weise kann von hier aus das Problem der Führung, der Elite usw. in Angriff genommen werden? ...

Grundlegende Bedeutung der christlichen Lehre von der Urschuld und der Erbsünde und ihren Folgen.
Sie muß realistisch durchgedacht und zu Forschungsgebieten wie der Tiefenpsychologie, der Soziologie usw. in Beziehung gebracht werden.

Neunter Brief

GOTTES STREIT UM SEIN RECHT
(1965)

In diesen Tagen – um meinen achtzigsten Geburtstag herum, also schon dadurch für mich nicht ohne Gewicht – ist mir etwas klar geworden, das der ganzen Theologie einen anderen Charakter geben, nichts sachlich verändern, aber alles unter ein anderes Licht stellen könnte.
Welcher Dialog im Johannesevangelium! »So bist Du also ein König? Antwortete Jesus: Du sagst es, ich bin ein König. Hierzu ward ich geboren, und hierzu bin ich in die Welt gekommen, daß ich Zeugnis für die Wahrheit gebe .. Sagt zu Ihm Pilatus: Was ist Wahrheit?« (18, 37).
Welche Situation: Wie der große Einsame da vor dem obersten Richter des Landes steht, die Luft erfüllt vom Haßgeschrei seiner Feinde und erbarmungsloser als die schreiende Wut, vom nicht zu erschütternden Unverstehen – und wie Er gefragt wird: »Was hast Du getan?« (35). Er aber nennt seine »Tat«: »Ich habe der Wahrheit Zeugnis gegeben« – worauf der liberale Skeptiker auf dem Richtersitz achselzuckend antwortet: »Was ist Wahrheit?«

Wenn wir die Frage aufnehmen, was ist diese Wahrheit, die da gesagt worden ist, so antworten wir zunächst: Es ist die Wahrheit des Heils; die Offenbarung des Lebendigen Gottes; die Botschaft von Seiner Gnade und Seinem Reich.
Dann aber hoben sich mir plötzlich die Worte entgegen: »Dafür ward ich geboren, und dafür bin ich in die Welt gekommen, daß ich der Wahrheit Zeugnis gebe«, und gewannen einen neuen, dunkleren Ernst. Ich erinnerte mich, in welcher Weise Johannes schreibt.

Wie bei ihm nicht eine durchgehende logische Ordnung waltet; die einzelnen Sätze nicht einander fortführen, sondern sich aus der Tiefe emporheben und wieder hinabsinken. Da kam mir der Gedanke: Was ist das? Was ist hier? Kein Ort lehrhafter Darlegung, sondern das Gericht. Hier wird nicht nach Gedanken, sondern nach Taten gefragt; worüber geurteilt wird, ist nicht, ob richtig oder falsch gedacht, sondern ob Schuld begangen worden ist. Der da aber antwortet, steht mit Leib und Leben für das ein, was das Urteil feststellt. Da gewann das Wort »Wahrheit« einen neuen Charakter. Ich glaubte zu sehen, daß es sich im Bewußtsein des Sprechenden nicht um Lehre und Weisung handelte, sondern um etwas anderes.

Hier drängt eine »Rechts-Sache« vor – und wir werden gut tun, uns den Begriff des Rechtes in seiner alten wesenhaften Gültigkeit und Würde zu vergegenwärtigen. Ein Zeuge steht da, der von dieser Rechts-Sache weiß und ihr Zeugnis gibt. Die Rechtssache aber lautet: Die Welt ist nicht in sich ruhende, sich selbst gehörende und ausschließlich aus ihr selbst zu verstehende »Natur«, sondern Gott hat die Welt geschaffen. Sie ist sein Eigentum. Er hat auch den Menschen geschaffen, und auch dieser ist – in der Form, wie Person es sein kann – sein Eigentum. Gott hat dem Menschen seine Welt in die Hand gegeben, daß er sie »bewahre« als das, was sie ist, und sie »bebaue« in der Weise, wie es recht ist (Gen. 2, 15). Diese Welt war dem Menschen anvertraut, daß er in ihr ein gewaltiges und heiliges Werk schaffe; alles das, was Erkenntnis und Gestaltung, was Leben und Kultur heißen kann – daß er es aber tue nach Recht und Gerechtigkeit. Nach jenem Ur-Recht, das über allen geschichtlichen Satzungen steht, nämlich dem Recht des Schöpfers.

Der Mensch aber hat sich gegen Gott, welcher von Wesen der »Herr« ist, aufgelehnt und hat Ihm das Seinige aus der Hand genommen. Er hat die Welt zu seinem Eigentum erklärt und, was er in ihr tun würde, zu seinem Eigenwerk. Hier ist eine Schuld begangen worden, ein Rechtsbruch, der sich immer wieder im unruhigen Gewissen des Menschen anmeldet und der hier, in Jerusa-

lem, vor dem obersten Richter des Landes, in einem ordentlichen Prozeß zur Verhandlung kommt.
Auf einmal erhebt sich hinter alledem, was Menschenwesen und Menschengeschichte heißt, ein ungeheurer, nie zum Abschluß zu bringender Rechtsvorgang. Der Sohn Gottes meldet sich zum Zeugen und spricht sein Zeugnis. Der wahre Charakter des Daseins wird deutlich, das weder bloße Natur-Evolution noch autonome Kultur-Entwicklung, vielmehr Geschichte ist, und zwar Geschichte »absoluter« Art, göttliches Recht und menschlicher Rechtsbruch. Der Mann auf dem Richterstuhl aber, mit dessen Wort für den Augenblick die Entscheidung fallen soll, ist ein schwächlicher, liberaler Skeptiker und zuckt die Achseln: »Wahrheit – was ist das?«

Nie ist mir so wie in diesem Zusammenhang klar geworden, wie bis in die Wurzeln hinein falsch die neuzeitliche Vorstellung vom Dasein, von der Welt als »Natur«, vom Menschen als in ihr sich entwickelndes autonomes Wesen usw. ist. Wie mit Augen glaubte ich zu sehen, warum der Schaden des Daseins unheilbar, warum das schlechte Gewissen unaufhebbar ist, so lange dieser Grundzustand nicht erkannt und ihm nicht standgehalten wird.
Und mir wurde auch klar, wo die Grundgefahr der Theologie liegt: daß sie sich in diesen Charakter hineinziehen läßt.

Zehnter Brief

VOM VERTRAUEN

(12. 1. 1966)

Ich möchte Dir einiges mitteilen, was ich als Frucht einer langen Krankheit ansehe. Ich habe mich – wie mir scheint, nicht nur oberflächlich, sondern auch mit Tiefe und Richtigkeit – in den Zustand unseres menschlichen Daseins hineingedacht. Führer dabei war das beständige Erlebnis von Schäden und Schmerzen und dazu die Frage, ob es nicht möglich sei, diese aus dem Dasein hinauszuschaffen.

Da war einmal die Einsicht, daß es den bloßen Schaden, den bloßen Schmerz nicht gibt, sondern daß sie immer mit Lebensgewinn verbunden sind. Und zugleich: daß, wenn man eines beeinträchtigt, immer auch das andere mit leidet. Wie tief das geht, das zu erkennen war eine bittere Sache. Es gilt für alles im Leben. Und wenn der seltene Fall eintritt, daß einer ganz gesund, ganz lebensklug ist, dann erwächst aus dieser günstigen Veranlagung irgend ein seelischer Schaden, über den ausführlicher zu sprechen wäre.
Aus dieser Einsicht folgt eine andere: daß sowohl der Pessimismus, der sagt, alles sei schlimm und schlecht, wie der Optimismus, der sagt, alles sei gut und erfreulich, falsch sind. Unser Dasein ist ein nicht zu entwirrendes Knäuel von beidem. In jeder Regung des Lebens ist beides enthalten.

Was ist also zu tun?
Ich habe darüber nachgedacht, ob ein Wort zu finden wäre, in welchem sich die richtige menschliche Haltung ausdrückte, und habe ein einziges gefunden: das Vertrauen.

Vertrauen worauf? Auf das Leben? Die Ordnung des Daseins? Jedes Abstraktum wäre falsch; es muß vielmehr heißen: Auf Den, der die Welt geschaffen hat, sie erhält und sie in einem letzten Sinne regiert. Das Entscheidende ist Gottes Gesinnung, die es mit uns von Grund auf gut meint. Ist seine Weisheit, welche die Verflechtung des Daseins durchschaut; die sieht, daß diese Verflechtung zugleich Verwirrung ist, weil vom Anfang her etwas Zerstörendes darin wirkt, nämlich die Empörung gegen Gott und seinen Willen. Ist endlich eine Macht, die im Letzten den Sieg Seiner Gesinnung über den Zustand des Daseins bewirken wird.
Darauf zu vertrauen, ist der einzige Schlüssel, um bestehen zu können.

Eine schwierige Arbeit des Denkens – mehr als das, eine Zustimmung, ein Einverständnis des Willens war nötig, um hier durchzukommen. So bedeutet »Vertrauen« in seiner vollen Tragweite den Inbegriff des rechten menschlichen Verhaltens.
Wenn Du die Dinge einmal durchdenkst, wirst Du sehen, daß aus allen Rätseln und Verwirrungen letztlich nur dieser Faden hinausführt.
Das erkannt zu haben, war wieder die Frucht einer solchen Verflechtung, nämlich des Denkens, das in der Not einer langen Krankheit die Wahrheit sucht.

Jeder Satz, der hier steht, zieht unzählige weitere Sätze, Einwendungen, Zustimmungen, neue Rätsel und Erhellungen mit sich. Deswegen habe ich davon abgesehen, irgend etwas zu »beweisen«, auf Erfahrung oder Richtigkeit des Denkens zurückzuführen. Ich habe mich bemüht, ein letztes Fazit aus den Gedanken vieler Tage und Nächte zusammenzuziehen. Hiermit will ich Dich nicht zu irgend einem Optimismus bekehren. Alles, was schwer und bitter ist, ist darin enthalten. Mir ging es nur darum, etwas zu finden, das im Letzten alles zusammenfaßt und beantwortet.
Dieses im Wort »Vertrauen« gefunden zu haben, ist wieder eine solche Verflechtung, nämlich mit alledem, was »Krankheit« heißt.

Man könnte fragen, ob man nicht die beschriebene Verbindung und Verflechtung jedes Seinselements mit der Verwirrung beseitigen könnte.
Darauf ist aufs entschiedenste mit Nein zu antworten, denn alles Sein – mit Ausnahme des göttlichen – ist endlich, und, weil endlich, ist es wesentlich mit jener Verflechtung verknüpft. Gott allein, der Seiende einfachhin, »ist« aus sich und in sich und bedarf keinerlei Bedingungen. Deshalb ist Er auch für unser Denken das Geheimnis einfachhin. Wir können Ihn nicht denken. Wir können bloß über die Worte nachdenken, die Er zu uns spricht: die Offenbarung.

Ich bitte Dich, das Gesagte durchzudenken. Wahrscheinlich ist der Weg zum Vertrauen für jeden Menschen ein anderer, und es kommt darauf an, den eigenen zu finden. Daß dies Dir gelingen möge, ist mein Wunsch.

GEBET IN DER WÄHRENDEN STUNDE

Lebendiger Gott,
wir glauben an Dich.
Lehr uns die Stunde verstehen, in der es ist,
   als habest Du uns verlassen,
Du, dessen Treue die Ewigkeit ist,
als seiest Du nicht Du, der uns seinen Namen genannt:
Der da ist.
Lebendiger Gott, wir glauben an Dich.
Gib uns Stärke auszuharren, wenn alles wesenlos wird.

Allmächtiger Vater,
der Du lebst,
Herr, in Dir selbst, keines Dinges bedürfend.
Ewig frei hast Du die Welt erschaffen,
   denn ihrer bedarfst Du nicht.
Sie ist, weil Du willst, daß sie sei, Deiner Gedanken voll.
Den Ratschluß, dem sie entsprungen, weiß
kein irdischer Sinn.
Aber der Offenbarer, der Sohn, hat
   uns das Wort gegeben, das Liebe heißt.
Deine, o Vater, keines irdischen Herzens Liebe.
Wir glauben an Dich,
denn was uns Welt heißt, es ist Dein Werk.
Du hast es erdacht,
Du hast gewollt, daß es sei, und Dauer
   hat es und Glanz durch Dich allein.
Alles lenkest Du, auch unser kleines Leben.
Lenkst es in Deines lautlosen Waltens Geheimnis.
Auf Deine Liebe müssen wir trauen allein.

Doch Deine Großmut will unsrer bedürfen.
Du hast Deine Welt in unsre Hand gegeben,
Willst, wir sollen Deine Gedanken denken,
in Deinen Ordnungen wirken.

Christus Jesus,
Erlöser der Welt,
Heimgegangen zum Vater, da alles vollendet war.
Du sitzest zu seiner Rechten auf dem Throne der Herrlichkeit,
wartend der Stunde, in welcher Du wiederkehrest in Macht,
die Lebenden und die Toten zu richten.
Wir glauben an Dich.
Lehr uns, den einsamen Glauben zu leisten, den
   die Stunde von uns verlangt,
da Dein Licht nicht zu leuchten scheint, und leuchtet
   doch, mächtiger im Dunkel als je.
In Deiner Liebe Geheimnis, in Deinem Gehorsam,
groß wie des Vaters Gebot hast Du alles erlöst.
Laß Deine Liebe an uns nicht vergeblich sein.

Heiliger Geist,
zu uns gesendet,
weilend bei uns, wenn auch leer die Räume hallen,
   als seiest Du fern.
In Deine Hand sind die Zeiten gegeben.
Im Geheimnis des Schweigens waltest Du
und wirst alles vollenden.
Also glauben und warten wir auf die kommende Welt.
Lehr uns warten in Hoffnung.
An der kommenden Welt gib uns Teil,
daß wahr an uns werde die Verheißung der Herrlichkeit.

INHALT

Bemerkung über die Briefe 5

Erster Brief 7
Wie kann neben Gott Endliches sein?

Nachträge 15
Über die Freiheit, das Böse und das Paradies

Zweiter Brief 19
Von der christlichen Verantwortung für die Welt

Dritter Brief 29
Vom Jüngsten Gericht

Vierter Brief 32
Von der Verwirklichung der christlichen Verantwortung für die Welt

Fünfter Brief 35
Vom Schwinden der religiösen Erfahrung

Sechster Brief 46
Teilhard de Chardin als Symptom

Siebenter Brief 50
Vom Widerstand gegen Norm und Bindung

Achter Brief 53
Über einen Versuch, unsere Gegenwart zu begreifen

Neunter Brief 59
Gottes Streit um sein Recht

Zehnter Brief 62
Vom Vertrauen

Gebet in der währenden Stunde 65